Beauty and the Beast

Retold by
Xanthe Smith Serafin

Level 1
(1000-word)

IBC パブリッシング

はじめに

　ラダーシリーズは、「はしご（ladder）」を使って一歩一歩上を目指すように、学習者の実力に合わせ、無理なくステップアップできるよう開発された英文リーダーのシリーズです。

　リーディング力をつけるためには、繰り返したくさん読むこと、いわゆる「多読」がもっとも効果的な学習法であると言われています。多読では、「1. 速く　2. 訳さず英語のまま　3. なるべく辞書を使わず」に読むことが大切です。スピードを計るなど、速く読むよう心がけましょう（たとえば TOEIC® テストの音声スピードはおよそ1分間に150語です）。そして1語ずつ訳すのではなく、英語を英語のまま理解するくせをつけるようにします。こうして読み続けるうちに語感がついてきて、だんだんと英語が理解できるようになるのです。まずは、ラダーシリーズの中からあなたのレベルに合った本を選び、少しずつ英文に慣れ親しんでください。たくさんの本を手にとるうちに、英文書がすらすら読めるようになってくるはずです。

《本シリーズの特徴》
- 中学校レベルから中級者レベルまで5段階に分かれています。自分に合ったレベルからスタートしてください。
- クラシックから現代文学、ノンフィクション、ビジネスと幅広いジャンルを扱っています。あなたの興味に合わせてタイトルを選べます。
- 巻末のワードリストで、いつでもどこでも単語の意味を確認できます。レベル1、2では、文中の全ての単語が、レベル3以上は中学校レベル外の単語が掲載されています。
- カバーにヘッドホーンマークのついているタイトルは、オーディオ・サポートがあります。ウェブから購入／ダウンロードし、リスニング教材としても併用できます。

《使用語彙について》

レベル1：中学校で学習する単語約1000語

レベル2：レベル1の単語＋使用頻度の高い単語約300語

レベル3：レベル1の単語＋使用頻度の高い単語約600語

レベル4：レベル1の単語＋使用頻度の高い単語約1000語

レベル5：語彙制限なし

Beauty and the Beast

読みはじめる前に

本書で使われている用語です。わからない語は巻末のワードリストで確認しましょう。

- [ ] burn
- [ ] bush
- [ ] clever
- [ ] entertain
- [ ] fairy
- [ ] greedy
- [ ] jealous
- [ ] lazy
- [ ] merchant
- [ ] own
- [ ] petal
- [ ] pirate
- [ ] rosebud
- [ ] rude
- [ ] sank
- [ ] spent
- [ ] statue
- [ ] survive
- [ ] thief
- [ ] thorn
- [ ] threw
- [ ] ugly
- [ ] wise
- [ ] wrinkle

登場人物紹介

Beauty ビューティー 美しく聡明で、心優しい末娘。父親のことをとても愛している。

Father 父親 金持ちの商人。子どもたちの幸せを願う。

Beast 野獣 森の中の大きな城に、孤独に暮らす醜い野獣。

elder sisters 姉 強欲で意地悪な二人の姉。ビューティーに嫉妬する。

brothers 兄 ビューティーを思いやる3人の兄。

Prince Rodwick ロドウィック王子 魔法の鏡に映る謎の王子。

*O*nce upon a time, there was a rich gentleman. He lived in a far away country. This man owned many great ships. He bought and sold beautiful things from all over the world. His ships brought silks and spices from India, and gold and diamonds from Africa. In his shops people could buy fine things at fair prices. Business was good and the man was very happy. He lived in a big house on a hill with his three sons and three daughters.

The girls were smart and pretty. The boys were clever and strong. Their kind father sent them to the best schools, and he gave them the best things. These lucky children were happy when they were young, but over the years they changed. The three boys began to fight over the family business. The two older girls became greedy and unhappy. They had so much, but it was never enough. They always asked Father for more. Each year he worked harder than the year before, but the family did not get happier when he made more money. Father grew sad. He did not know what he should do.

Only the youngest girl changed for the better when she grew up. She was the prettiest of the three sisters, so her father always called her Beauty. Beauty's sisters were very jealous of her, because she was also kinder and wiser. Beauty was happy with simple things. She liked birds and books. She spent her time walking in the garden or reading books with Father. She always said please and thank you, and

never asked for more than he gave. Every Sunday she gave some of her own money to the poor at church. Beauty's kind heart showed in her face. Each year Father's love for her grew. Her sisters did not like it.

Beauty's elder sisters were very proud of their family's money. They thought that their riches and beautiful things made them better than other people. They laughed at poor people and were mean to other girls. They were rude at school and at home. They were especially mean to Beauty. But even if her sisters were mean to her, Beauty loved them just the same.

This family was famous for its money. So men came from all over the country to try to marry the girls. The two eldest threw fancy parties to entertain their many friends. Each evening ended with the song

"*I Will Only Marry A Prince.*" Because, you see, they both wanted to be queens. Only Beauty did not go to the parties. She was not ready to marry.

Then one winter, bad luck hit the family. A fire burned down their big house on the hill. They lost all their treasured things. Then a great storm sank Father's ships to the bottom of the sea. All his business was gone. In just one month, they went from rich to poor. Now Father's only house was a little cottage near the forest. He sadly told his children that their life in the city was over. They would have to move to the country and become farmers.

The two older daughters were very angry. How could they live without their expensive things? They wanted to live in the city. Now they hoped to marry quickly. Even if they did not become queens, they could still live in style. But the young men were no longer interested in them. Other young women did not want to be their friends anymore. They were so proud when they were rich, now people laughed since they were poor. No one offered them another place to live.

But people felt sorry for Beauty. She was always nice to everyone, rich or poor. Many young men still wanted to marry her, even if she had nothing. Her lady friends invited her to stay with them. But Beauty did not want to stay in the city like her sisters. She wanted to help her father to make a new life in the country.

At first the whole family was sad. Their new home was small. Its rooms were dark and dirty. It stood all alone at the edge of a forest. The two older girls were lonely. Now they had no servants or friends. They did not know what to do. They stayed in bed all day. They cried about losing their friends and fine clothes.

Beauty understood how sad her sisters felt. She wanted to cheer them up. Each day she went to the fields to find wildflowers. There the birds and animals made her smile. She cleaned and decorated the house all by herself. She got milk from the cow and cooked nice things to eat. The work was hard. As a merchant's daughter she had never worked. Now she said to herself each day, "I must put on a happy face, and try to make it better."

Soon the farm was growing enough food for the family to eat. Beauty, Father and her brothers began to feel stronger than before. The fresh air and exercise were good for them, and they were happy again. Beauty looked more beautiful than ever, while her sisters grew weak and pale. Beauty looked after them. She made their tea with a smile, yet they were mean.

"Why does she look so happy?" the sisters asked each other. "She is a fool." They were lazy and did not help with the housework. Still, Beauty was kind to everyone. She did not think ill of her sisters. Father was thankful for all her work, and in the evenings they read books together around the fire. Except for the two sisters, everyone was happy.

After a year passed on the farm, a letter came. One of Father's ships survived the storm. It came back from sea full of cargo. Father decided to travel to the sea. He wanted to get his business back. Everyone was excited, especially the older daughters. They dreamed of going back to their old life. They got out of bed, and for once they helped. They packed their father's bags, and asked him for presents of clothes, jewelry and perfume.

Beauty listened, and wondered. She was not sure that they would be rich again. She thought that her sisters' things would cost most of Father's money from the ship. So Beauty did not ask for anything. But Father wanted to bring a present for Beauty, too. Beauty did not want to trouble him, yet she felt that she had to ask for something. "Dear Father," she said. Then she smiled at him. "Will you bring me a red rosebud?

Roses are my favorite flower. We don't have any here."

"How easy. You will have a rose, my dear," he promised. He waved goodbye and set off on his horse.

The sea was far away. It was a long, difficult trip. Father rode his horse through the dark forest and over the mountains. Finally, he arrived at the sea. But his heart was heavy when he saw his ship. It was emptied by pirates, and left to run onto the rocks. Father set off for home again with nothing. He was as poor as when he began.

On the way back the weather turned bad. It began to snow. While he rode through the forest, Father thought of his warm home. He kept going late into the night. He was almost there. But then the snow grew deep and Father lost his way. Wolves cried close by in the woods. The horse jumped at the sound. Father fell off his horse and it ran away. He tried to run after the horse, but the snow was very deep. It was difficult to move fast. He thought he would die in the cold. Maybe wild animals would eat him.

Suddenly Father saw a road lit with lamps. When he walked down the road, the wind stopped. The snow was gone. Orange trees heavy with fruit and flowers grew on each side. His horse was there on the green grass near a great castle. Although it was winter everywhere else, here it was spring. Father thanked God for this lucky find. He hurried toward the castle gate. He hoped to find food and a warm place to sleep. After climbing the steps, he stopped at the great front door. He called out, "Hello! Is anyone there?"

Beauty and the Beast

There was no answer. The door stood open, so he went in. He walked from one room to the next. Each room was prettier than the last, but no one was home. The castle was empty.

In one room there was a big fire in the fireplace. By the fire there was a nice chair and a table. A delicious meal was set on the table. There were many good things to eat. There was fresh milk to drink. Father was very hungry, but he decided he must wait to be invited.

But he needed something to drink right away. He could not wait for that. He decided to drink a cup of warm milk by the fire. He hoped the owner of the castle would come back soon. It was strangely quiet. The drink made him feel sleepy. Soon he fell asleep in front of the fire.

Father woke up late at night. He was still alone. Now he was weak with hunger, so he ate the food alone. When he was full, he decided to walk around the castle again. Although he did not feel any danger, the deep silence was strange. He was tired and lonely. When he came to a room with a big bed, he lay down on it and fell into a sweet sleep. He dreamed that he lived in this castle with his family.

After a good long sleep, Father felt much better. He woke to a sunny morning. The birds were singing in the garden. Father was surprised to see hot tea with sweet cakes and fruit on a table next to his bed. He did not see any of his old clothes. In their place he found a set of new clothes and a fine pair of gloves. He put these on, but there was no mirror to see himself in.

"All this for me," he said to himself. "How lucky I am. But who is my kind host?" He looked out of the window and saw a large bush with red roses just within reach. Then he remembered his promise to Beauty. "I'll take this fine rose for my youngest daughter," he said in a cheery voice. He took a knife from the table and cut off one rosebud.

At once he heard a loud noise behind him. He turned around and was shocked to see a huge, ugly beast in the doorway. It growled like an angry animal. It was big and wrinkled like an elephant, yet hairy all over with a horrible bear-like face. "What are you doing?" shouted the Beast. Father was afraid. He fell to his knees. "You are a thief!" said the Beast. "I let you into my home. I gave you food and clothing. And

you steal my roses. Is this how you thank me? You will pay with your life!"

"Oh, sir! I am so sorry!" said Father. He bowed down before the Beast. "Thank you for helping me. Because your kindness to me was great, I thought that the rose would be nothing at all. Yet I understand why you are angry. Please forgive me. I can explain."

"Do not lie to me. Speak the truth and I will listen," growled the Beast.

So Father told the story of all his bad luck. He explained why he went on the trip to the sea. He told the Beast about Beauty's rose. "Even a rich man could not make my other children happy," he said. "But I thought I could please my Beauty with her simple gift." After listening to Father's story, the Beast said in a low voice, "I will forget about the rose, if you give me one of your daughters."

"No sir! Not that!" cried Father. "I cannot give you my child."

His children were dearer to him than life itself.

"Silence! I have already decided," said the Beast. "I will let you go home. But you must promise to come back in one month with one of your girls. Your daughter must come to me because she wants to save you. See if any of them love you as much as you love them. But you must come back, and if you come back alone, you will die."

Father thought that a month with his family was better than nothing. He could say goodbye to them. But he would never send one of his daughters to this ugly monster. He promised to return in one month.

"You may take some riches from my castle for your family," said the Beast. "In the next room there is a big box. You may fill it with all the things that you want. I will have the box sent to your home. Go now, and take your Beauty her rose. Tell your daughters the truth about me. And do not try to hide. I will be watching you." With these words, the Beast went away.

Father was terrified of his host's promise to kill him. Still, he felt a little better now that he could give something more to his children before he died. He filled the box with jewels and gold. When he went outside to get his old horse, he found a fine young horse to ride. But Father rode away from the castle with a heavy heart.

The horse ran as fast as the wind, so the trip back to the farm went quickly. His children met Father eagerly after his long journey. When they saw his new horse and the fine clothes that he wore, they clapped their hands and danced with joy. Father tried to smile, but he could not. He looked half dead when he got off his horse. He gave Beauty her rose. Then he began to cry.

"This rose is my final gift for you, Beauty," he said. He shook his head sadly. Beauty took the rosebud in her hand. She was surprised to see the flower open in her hand. It was the most beautiful red rose in the world.

At first Father tried to hide the truth, but the children wanted him to explain. So he told them about the journey and the pirates. Finally he told them about his experience at the castle. Tears fell from his eyes while he spoke.

At the end of the story the two older girls also started to cry. They pulled their hair like mad women. "Now we will never be rich again!" said one. "And it's all because of you!" said the other. She pointed at Beauty. "You and your simple gift! You should love money more than roses like us. Then Father could be safe!"

"How can you just stand there?" asked the first sister.

Beauty stood quietly next to her father. She did not cry. She held her rose close to her heart. She said bravely, "I must go to the Beast. Father will not die. I love Father more than life itself. I will protect him with my own blood." After she said this, Beauty cut her finger with a rose thorn and let three drops of blood fall to the snow.

"Don't go!" her three brothers cried out. "You are only seventeen. We will go and kill the Beast!"

But Father knew that they had no chance. His boys would surely die at the hands of the terrible Beast. "No, my boys. You are strong, but the Beast is many times stronger. We cannot win against his magic powers. Of course, Beauty should not go either. I am an old man. I have lived a good life. I am sorry to say goodbye like this, but I am not afraid to die."

Beauty would not listen. "I am young," she said slowly, "but I am not afraid to die. I cannot live here without you, Father. I will die of a broken heart. You must not go to the Beast without me. I will follow you."

Beauty's brothers tried hard to stop her, but she would not change her mind. Her sisters looked sad, too, but really they were happy. They wanted Beauty to leave home. They had better chances of finding rich husbands if Beauty was not there.

Father was so glad to be back home. He forgot all about the box of treasures from the Beast's castle. He was surprised that night when he found the big box at the foot of his own bed. He decided not to tell his children about the new riches. He was afraid that they would want to move back to the city. He wanted to stay on the farm. So Father told only Beauty. When she saw the great riches inside the box, she thought for a little while. Finally she began to speak.

She told Father that while he was away, three young men came to the house. They asked the girls to marry them. Her two sisters were in love. Beauty hoped that father would let them get married. He could give them some of the riches from the box as a wedding present. Father agreed.

When the month grew short, Beauty said goodbye to her home. She said goodbye to all the people and the things that she loved. Everyone cried but Beauty. She did not want to make them feel even worse. With sad hearts Beauty and her father got on the Beast's beautiful horse and rode to his castle. The horse knew the way. It was a quick trip.

As they rode down the castle road, the cold weather once again gave way to grass and flowering orange trees. The evening sky was bright with fireworks. Soft music came from the beautiful castle. "The Beast must be very hungry," said Beauty. "He puts on such a show to welcome his food." She was very afraid, but still she felt amazed by the beauty all around her.

Just like the first time Father came there, every room in the castle was warm and bright. Also like before, no one was there. Father led his daughter to the room with the fire. Now there were two chairs by the fire. A delicious dinner for two was on the table. Red rosebuds in a vase on the table burst into full bloom when Beauty sat down. Because she was very hungry from the journey, Beauty ate a lot. She thought that maybe this was her last meal. Father thought so, too. He was very sad. Still he ate the meal together with her. He tried to be cheerful.

When they finished eating, Beauty took

one of the roses in her hand. Suddenly they heard an angry roar behind them. Father's face went white with fear. When the Beast came in, Beauty was shocked. Father tried to warn her about him, but the Beast's horrible appearance could not be explained in words. Now Beauty understood.

Beauty wanted to run away, but didn't. She looked into the Beast's eyes. Her father said that he was back after one month, like he promised. He introduced his youngest daughter, Beauty. She would stay with the Beast.

"Did you choose to come here of your own free will?" the Beast asked Beauty.

"Yes," answered Beauty. Her voice sounded small and afraid.

"I am happy to hear that," said the Beast. "Then you may take your father to the next room. You will find two large boxes there. Choose some things for your brothers and sisters to remember you by."

To her father the Beast said, "You are a good man, because you kept your promise. You are free to go. I will send the gifts, but you must never come back."

Then the Beast left them alone again.

Beauty and Father went into the next room. There they found great riches. You never saw such wonderful things. They filled the boxes with all they could. Still, Father did not want to say goodbye. He held his daughter close in his arms.

"Oh my dear, do not do this! Run away and be safe! I will kill the Beast," cried Father.

"No, Father," Beauty sighed. "You must go. Trust that I will be okay."

Beauty's father left the castle. Now he was a much richer man than ever before. He felt hope while he rode through the castle gardens. The Beast's kindness made father think that he might see Beauty again. But poor Beauty felt sure that she would never see her father again. When he rode out of sight, she fell to her knees and cried.

After a while Beauty decided to look around the castle. She wanted to enjoy her last day on earth. She believed that the Beast was going to eat her soon. The castle was very pleasing to her. She went from place to place. She liked everything that she saw. Each set of rooms looked prettier than the last. She saw beautiful lakes and gardens from the windows. Then she saw a golden door. It had a sign on it. She stopped and read the words:

Beauty's Room.

Beauty opened the door and laughed with delight. Was this big room all for her?

On one wall there was a library. It had all her favorite books. It also had many new books. There was a piano in the room. There was also fine furniture, and a large, mirrored closet. The closet was filled with beautiful dresses and matching jewels. Beauty looked at herself in the mirror. Then she looked out the large windows at the garden.

Beauty said aloud, "If I am going to die today, why do I have all this?" She thought that maybe the Beast meant for her to live a little longer. Or maybe, even, a lot longer. This idea made her feel better. She took a book from the bookcase and opened it. On the first page she read these words:

> For Beauty, my dear
> You are the queen here
> Ask a favor and you will see
> How happy life will be with me

Beauty suddenly felt sad again. "The only thing that I wish for," she said to herself, "is to see how my poor Father is doing now." When these words came from her lips, her mirror changed and she saw her father in it. He was getting off his horse at the cottage. Her brothers and sisters came out to meet him. Father and the boys looked sad, but her sisters smiled and talked. They were happy that Beauty was not there. Then the mirror went dark and Beauty saw

BEAUTY AND THE BEAST

her own face again.

A tear fell from her eye. Beauty looked around the room again. Maybe she would be safe here in the castle after all. But the silence made her feel lonely. Except for her own voice, there was not a sound in the castle. So she played music and sang in her room all afternoon.

In the evening, she found a delicious dinner on the table. While she was eating, she heard the loud footsteps of the Beast. She was afraid. She could not move. Was he coming to eat her?

Beauty's hair stood up when the Beast came near. But his voice was soft.

"Beauty, may I sit at the table with you?"

"If you want to," said the girl.

"No," said the Beast. "I care about your feelings. I will go away if you wish. Am I so ugly to you?"

Beauty looked at the Beast's face. "Well, you are much kinder than you look," she said.

"Thank you for my room. I love all the books and music."

"You're welcome," said the Beast. "I am an ugly beast, but I promise not to hurt you. Please eat your food."

Then Beauty started to enjoy her dinner. She was very hungry from all the singing that day. She found that the Beast was easy to talk to. She was not lonely anymore. They talked late into the night.

Suddenly, the Beast surprised Beauty. He came very close to her and said, "I love you, Beauty. Will you marry me?"

Beauty's face turned white. She wanted to run away. Would the Beast run after her?

She kept still until she felt strong enough to speak. Although she was afraid to anger the monster, she said gently, "No, I cannot."

The Beast stepped back as though she just hit him in the face. He looked sadder than any person in the world. His big, brown eyes filled with tears. He turned away from her and said, "Then good night, Beauty." He did not look back. He left the room.

That night in her own room Beauty thought about the poor, sad Beast. It was too bad that he was so kind, but he looked so strange. "I must try not to care about his looks," she said to herself. When these words came from her lips, her mirror changed and she saw the face of a young man in it. He was standing in the garden with a red rosebud in his hand. He looked as handsome as a prince, but he was very sad. Beauty saw that he held the rose to his heart. He was crying. Then the mirror went dark, and Beauty saw her own face again.

She cried too. Who was this sad prince?

The next morning Beauty went out to the garden. It was a sunny day. The birds were singing. While she walked, she smelled the roses along the path. Then she saw the place from her magic mirror. She looked for the prince, but she saw only a nest of baby bluebirds in a bush. After this, she often came here when the weather was nice.

By the time that it was summer, Beauty felt very happy in her new home. She did as she pleased during the day. She read and sang and walked in the gardens. Every evening the Beast visited with her during dinner. When she got to know him, Beauty learned that the Beast was wiser than he looked. She became used to him, and enjoyed his visits. They talked and laughed like old friends.

The only problem was that every night when it got late, the Beast would say, "I love you, Beauty. Will you marry me?" And every night Beauty had to answer, "No, I cannot." Each night the Beast's eyes looked sadder than the night before. She was not afraid of him now. She did not want to make him sad.

One night she finally spoke to him about it. "I am so sorry, Beast. I know your love is true, and I look forward to our time together. But I cannot lie. I do not love you. I will never marry you. But I can always be your friend. Isn't that enough for you?"

"Well, then I will never marry," replied the Beast. "But if you wish to be just friends, what else can I do? At least promise me that you will stay here forever."

At first Beauty was silent. What could she say? She liked living at the castle. She did not want to leave. But she missed her father very much.

"I could promise to stay here forever," she said at last. "But please let me visit dear Father one last time. I saw in my magic mirror that he is very sick. He needs me at his side." With this, Beauty began to cry.

"Please don't cry," said the Beast. "You may go to your father. But come back in seven days or I will die. You will never see me again."

"No, no!" Beauty cried even harder. "I cannot let you die! Just let me go. I promise to come back in a week."

"Okay, then you will be with your father tomorrow," the Beast said. "But do not forget your promise to return."

Then he put a small box on the table and said, "Take this ring. When you wish to see me again, put it on your finger. Goodbye, Beauty." The Beast looked at Beauty. His eyes were sadder than ever. Then he left the room.

Later, Beauty opened the box. Inside there was a simple golden ring. Beauty hated to leave the Beast, because now they were close friends. She knew she was causing him pain, but she could not wait to see Father again. "What should I do?" she asked herself. Just then her mirror changed and she saw a fairy in the glass. "Trust your heart more than your eyes, Beauty, and you will be happy," said the fairy. Beauty thought about these words. She put the box under her pillow and went to sleep.

She dreamed of her childhood days in her father's home.

When Beauty woke up the next morning, she was in a strange room. She could hear street sounds outside. Through a window she could see the red and yellow of autumn leaves on the trees. Then she remembered the Beast and looked under her pillow. The box with the ring was there.

A feeling of peace came over her. But where was she? She got out of bed.

She found that the closet in the room was filled with many beautiful dresses and jewels to match. She chose a beautiful blue and white gown, a ruby necklace and pearl earrings. She put them on and looked at herself in a mirror. She looked wonderful. But why did the Beast's magic bring her here?

Suddenly, Beauty heard a cry. She ran out of the room. In the next room she found Father. He was in bed. He was very ill. When Beauty took Father's hand, he opened his eyes. He was surprised to see Beauty, because he thought that she was dead. Father sat up. He was overjoyed to see his youngest daughter again. He asked her many questions. She told him about her life at the castle. Father said, "Now I will die a happy man, because I know that you are safe."

But when she told him about her promise to return to the Beast in seven days, Father begged her not to go away again. Her brothers were away in the army. Her sisters moved to town with the riches from the Beast's castle. They made Father come with them against his will. The sisters did not have husbands. They were out at a party. They were back to their old ways. They wanted to become queens.

When her sisters came home they were very angry to see Beauty. She looked too good. She was dressed like a princess. When they heard her story, they were jealous. They did not like to think of all the wonderful things that the Beast gave to their younger sister.

"Why should she be happy when we are not?" said one sister. "It's not fair."

"She's lucky," agreed the other one. "But I know how to hurt her. We will have her stay here for longer than a week. After she breaks her promise, the Beast will be angry. He will eat her up. Then maybe we can go to live with him instead."

"Good idea, sister," said the first one.

"We must make sure that Beauty does not return to the castle."

With this plan in mind, the sisters began to give their father poisoned food. Each day Father got a little weaker. They hoped for Father to die slowly. Then Beauty could not go back to the castle on time.

Beauty did not know what she should do. Every morning she thought of her promise to the Beast. She wanted to put the ring on her finger. She wanted to go back to the castle. But each day Father seemed to need her more. She could not leave Father yet.

On the eighth day her old father was nearly dead and Beauty was not thinking about the Beast. Then she remembered his words: "Come back in seven days or I will die. You will never see me again."

That night Beauty looked in her mirror and said, "I wonder how my Beast is doing now?" Suddenly the mirror changed and she saw the Beast. He was lying on the snow under a rosebush by the lake at the castle. He was dead. Then the mirror went dark and Beauty saw her own face again. Her face was wet with tears.

Beauty realized that she made a terrible mistake. Why did she kill him?

"I was so worried about Father, I forgot about the Beast. Now I miss him," she said. Beauty took the ring from under her pillow and put it on her finger. "I wish to go back to the castle and see my dear Beast again," she said.

Instantly Beauty was back in her room at the castle. She ran outside. The sky was cloudy. It was snowing in the garden. All was white. Beauty found the Beast under the rosebush by the lake. She touched his hand. It was cold. Beauty looked up at the rosebush. Flower petals were falling like red snow.

"No!" cried out Beauty. "What have I done? I'm sorry I broke my promise! Dear Beast, you were so good to me. Why didn't I marry you? I don't care if you are ugly."

Beauty cut her finger with a thorn from the rosebush. Three drops of blood fell to the snow beside the Beast. "I love you!" she cried again and again. "I love you!"

Her tears fell on the Beast's hairy face.

Suddenly the snow stopped falling. The sun came out. The air grew warm. Then the rosebuds on the bush all began to bloom at once. Beauty looked up at the roses.

Beauty and the Beast

When she looked down again the Beast was gone. In his place was the handsome prince from her magic mirror.

The prince opened his eyes and said, "Beauty, you came back! When you broke your promise, I wanted to die."

"But where is the Beast I love?" said Beauty. "I do not understand."

"I am he," said the prince. "Once, long ago, I thought I was important because I was rich and handsome. I did not care about other people. Then one day an old woman asked me for help. I did not want to help her. I just laughed at her. The old woman was a witch. She said I didn't understand how to be a good man. So she turned me into an ugly beast and took away all of my kingdom's people. Only the true love of a good woman could save me.

"I am the prince of this land and you have broken the witch's spell. It is because you could see past my ugly looks. Now, if it pleases you, you can be my princess. Will you marry me, Beauty?" he asked once again.

And this time Beauty said, "Yes, I will."

"I am Prince Rodwick, and you will always be Beauty," said the prince. Then he kissed her.

Suddenly the castle lit up with beautiful colored lights. Soft music came through the air. People appeared. Everyone was waving and smiling. Beauty and Prince Rodwick walked arm in arm through the garden.

When they got back to the castle, Beauty found that her brothers were there. They were home safe from the war. Father was there too, and he was healthy again. The

Beauty and the Beast

next day Beauty and Prince Rodwick had a wonderful wedding and they all lived happily ever after.

What happened to Beauty's two mean sisters, you ask? The fairy changed them into stone statues as punishment for their evil ways. They stood out in the castle garden and never hurt Beauty again.

The End

Word List

- 本文で使われている全ての語を掲載しています（LEVEL 1，2）。ただし、LEVEL 3以上は、中学校レベルの語を含みません。
- 語形が規則変化する語の見出しは原形で示しています。不規則変化語は本文中で使われている形になっています。
- 一般的な意味を紹介していますので、一部の語で本文で実際に使われている品詞や意味と合っていないことがあります。
- 品詞は以下のように示しています。

名 名詞	代 代名詞	形 形容詞	副 副詞	動 動詞	助動 助動詞
前 前置詞	接 接続詞	間 間投詞	冠 冠詞	略 略語	俗 俗語
頭 接頭語	尾 接尾語	号 記号	関 関係代名詞		

A

- **a** 冠 ①1つの，1人の，ある ②〜につき
- **about** 副 ①およそ，約 ②まわりに，あたりを 前 ①〜について ②〜のまわりに[で] How about 〜? 〜はどうですか。〜はしませんか。 What about 〜? 〜についてあなたはどう思いますか。〜はどうですか。
- **afraid** 形 ①心配して ②恐れて，こわがって I'm afraid (that) 〜 残念ながら〜，悪いけれど〜
- **Africa** 名 アフリカ《大陸》
- **after** 前 〜の後に[で]，〜の次に after all 結局 After you. どうぞお先に。 one after another 次々に 副 後に[で] 接 (〜した)後に[で]
- **afternoon** 名 午後
- **again** 副 再び，もう一度
- **against** 前 〜に対して，反対して
- **ago** 副 〜前に
- **agree** 動 ①同意する ②意見が一致する
- **air** 名 ①《the-》空中，空間 ②空気，《the-》大気 ③雰囲気，様子
- **all** 形 すべての 代 全部，すべて(のもの[人]) not 〜 at all 少しも[全然]〜ない all 〜 can できるだけ 名 全体 副 まったく，すっかり all right よろしい，申し分ない
- **all by oneself** 自分だけで，独力で
- **almost** 副 ほとんど，もう少しで(〜するところ)
- **alone** 形 ただひとりの 副 ひとりで，〜だけで
- **along** 前 〜に沿って 副 前へ，ずっと，進んで get along やっていく，はかどる
- **aloud** 副 大声で，(聞こえるように)声を出して
- **already** 副 すでに，もう
- **also** 副 〜も(また)，〜も同様に 接 その上，さらに
- **although** 接 〜だけれども，〜にもかかわらず，たとえ〜でも
- **always** 副 いつも，常に not always 〜 必ずしも〜であるとは限らない
- **am** 動 〜である，(〜に)いる[ある] 《主語がIのときのbeの現在形》
- **amazed** 動 amaze (びっくりさせる)の過去，過去分詞 形 びっくりした，驚いた

WORD LIST

- **an** 冠 ①1つの, 1人の, ある ②～につき
- **and** 接 ①そして, ～と… ②《同じ語を結んで》ますます ③《結果を表して》それで, だから **and so on** ～など
- **anger** 名 怒り 動 ～を怒らせる
- **angry** 形 怒って, 腹を立てて
- **animal** 名 動物 形 動物の
- **another** 形 ①もう1つ[1人]の ②別の 代 ①もう1つ[1人] ②別のもの **one another** お互いに
- **answer** 動 ①答える, 応じる ②《–for》～の責任を負う 名 答え, 応答, 返事
- **any** 形 ①《疑問文で》何か, いくつかの ②《否定文で》何も, 少しも(～ない) ③《肯定文で》どの～も 代 ①《疑問文で》(～のうち)何か, どれか, 誰か ②《否定文で》少しも, 何も[誰も]～ない ③《肯定文で》どれも, 誰でも **if any** もしあれば, あったとしても 副 少しは, 少しも
- **anymore** 副《通例否定文・疑問文で》今はもう, これ以上, これから
- **anyone** 代 ①《疑問文・条件節で》誰か ②《否定文で》誰も(～ない) ③《肯定文で》誰でも
- **anything** 代 ①《疑問文で》何か, どれでも ②《否定文で》何も, どれも(～ない) ③《肯定文で》何でも, どれでも **anything but ～** ～のほかは何でも, 少しも～でない 副 いくらか
- **appear** 動 ①現れる, 見えてくる ②(～のように)見える, ～らしい
- **appearance** 名 ①現れること, 出現 ②外見, 印象
- **are** 動 ～である, (～に)いる[ある]《主語がyou, we, theyまたは複数名詞のときのbeの現在形》 名 アール《面積単位。100平方メートル》
- **arm** 名 ①腕 ②腕状のもの, 腕木, ひじかけ ③《-s》武器, 兵器 **arm in arm** 腕を組んで 動 武装する[させる]

- **army** 名 軍隊, 《the –》陸軍
- **around** 副 ①まわりに, あちこちに ②およそ, 約 ③ぐるりと 前 ～のまわりに, ～のあちこちに
- **arrive** 動 到着する, 到達する
- **as** 接 ①《as ～ as …の形で》…と同じくらい～ ②～のとおりに, ～のように ③～しながら, ～しているとき ④～するにつれて, ～にしたがって ⑤～なので ⑥～だけれども ⑦～する限りでは **as ～ as one can** できる限り～ **as for ～** ～はどうかというと **as if [though]** ～ まるで～のように **as to ～** ～については, ～に応じて 前 ①～として(の) ②～の時 副 同じくらい 代 ①～のような ②～だが
- **ask** 動 ①尋ねる, 聞く ②頼む, 求める
- **asleep** 形 ①眠って(いる状態の) ②(手足が)しびれている 副 ①眠って, 休止して ②(手足が)しびれて **fall asleep** 眠り込む
- **at** 前 ①《場所・時》～に[で] ②《目標・方向》～に[を], ～に向かって
- **ate** 動 eat (食べる)の過去
- **autumn** 名 秋, 《形容詞的》秋の
- **away** 副 離れて, 遠くに, 去って, わきに 形 離れた, 遠征した 名 遠征試合

B

- **baby** 名 ①赤ん坊 ②《呼びかけで》あなた 形 ①赤ん坊の ②小さな
- **back** 名 ①背中 ②裏, 後ろ 副 ①戻って ②後ろへ[に] 形 裏の, 後ろの
- **bad** 形 ①悪い, へたな ②気の毒な **That's too bad.** 残念だ。
- **bag** 名 袋, かばん 動 袋に入れる, つかまえる
- **be** 動 ～である, (～に)いる[ある], ～となる 助 ①《現在分詞とともに用

- bear-like 形クマのような
- beast 名①動物, 野獣 ②けものの ような人, 非常にいやな人[物]
- beautiful 形美しい, すばらしい 間いいぞ, すばらしい
- beauty 名①美, 美しい人[物] ②《the -》美点 ③《B-》ビューティー《愛称》
- became 動 become (なる)の過去
- because 接 (なぜなら)〜だから, 〜という理由[原因]で because of 〜 〜のために, 〜の理由で
- become 動①(〜に)なる ②(〜に)似合う
- bed 名①ベッド, 寝所 ②花壇, 川床, 土台 go to bed 床につく, 寝る
- before 前〜の前に[で], 〜より以前に 接〜する前に 副以前に
- beg 動懇願する, お願いする
- began 動 begin (始める・出発する)の過去
- behind 前①〜の後ろに, 〜の背後に ②〜に遅れて, 〜に劣って 副後ろに, 背後に ②遅れて, 劣って
- believe 動信じる, 信じている, (〜と)思う, 考える
- beside 前①〜のそばに, 〜と並んで ②〜と比べると ③〜とはずれて
- best 形最もよい, 最大[多]の 副最もよく, 最も上手に best of all なによりも, いちばん 名《the -》①最上のもの ②全力, 精いっぱい at one's best 最高の状態で at (the) best せいぜい, よくても do one's best 全力を尽くす
- better 形①よりよい ②(人が)回復して 副①よりよく, より上手に ②むしろ for the better よいほうに, よい方向へ had better 〜 〜するほうがよい, 〜しなさい
- big 形①大きい ②偉い, 重要な 副①大きく, 大いに ②自慢して

- bird 名鳥
- blood 名①血, 血液 ②血統, 家柄 ③気質
- bloom 名①花, 開花 ②若さ full bloom 満開 動咲く, 咲かせる
- blue 形①青い ②青ざめた ③憂うつな, 陰気な 名青(色)
- bluebird 名ブルーバード《鳥》
- book 名①本, 書物 ②《the B-》聖書 ③《-s》帳簿 動①記入する, 記帳する ②予約する
- bookcase 名本箱
- both 形両方の, 2つとも 副《both 〜 and … の形で》〜も…も両方とも 代両方, 両者, 双方
- bottom 名①底, 下部, 最下位, 根底 ②尻 形底の, 根底の
- bought 動 buy (買う)の過去, 過去分詞
- bow 動(〜に)お辞儀する 名①お辞儀, えしゃく ②弓, 弓状のもの
- box 名①箱, 容器 ②観覧席 ③詰所 動①箱に入れる[詰める] ②ボクシングをする
- boy 名①少年, 男の子 ②給仕 ③息子
- bravely 副勇敢に(も)
- break 動①壊す, 折る ②(記録・法律・約束を)破る ③中断する break into 〜 〜に押し入る, 急に〜する break out 発生する, 急に起こる break up ばらばらになる, 解散させる 名①破壊, 割れ目 ②小休止
- bright 形①輝いている, 鮮明な ②快活な ③利口な 副輝いて, 明るく
- bring 動①持ってくる, 連れてくる ②もたらす, 生じる bring about 引き起こす bring up 育てる
- broke 動 break (壊す)の過去
- broken 動 break (壊す)の過去分詞 形①破れた, 壊れた ②落胆した
- broken heart 失意, 絶望
- brother 名①兄弟 ②同僚, 同胞

Word List

- **brought** 動 bring (持ってくる)の過去, 過去分詞
- **brown** 形 ①茶色の ②浅黒い肌の, 日焼けした 名 ①茶色(のもの) ②浅黒い肌の人 動 茶色にする, 日焼けする[させる]
- **burn** 動 燃える, 燃やす, 日焼けする[させる] **burn down** 全焼する, 全焼させる 名 やけど, 日焼け
- **burst** 動 ①爆発する[させる] ②破裂する[させる] **burst into ~** ~に飛び込む, 急に~する 名 ①破裂, 爆発 ②突発
- **bush** 名 低木, やぶ, 未開墾地
- **business** 名 ①職業, 仕事 ②商売 ③用事 形 ①職業の ②商売上の
- **but** 接 ①でも, しかし ②~を除いて 前 ~を除いて, ~のほかは 副 ただ, のみ, ほんの
- **buy** 動 買う, 獲得する 名 購入, 買った[買える]物
- **by** 前 ①《位置》~のそばに[で] ②《手段・方法・行為者・基準》~によって, ~で ③《期限》~までには ④《通過・経由》~を経由して, ~を通って 副 そばに, 通り過ぎて

C

- **cake** 名 ①菓子, ケーキ ②固まり 動 固まる
- **call** 動 ①呼ぶ, 叫ぶ ②電話をかける ③立ち寄る 名 ①呼び声, 叫び ②電話(をかけること) ③短い訪問
- **came** 動 come (来る)の過去
- **can** 助 ①~できる ②~してもよい ③~でありうる ④《否定文で》~のはずがない **Can I ~?** ~してもよいですか? **Can you ~?** ~してくれますか? 名 缶, 容器 動 缶詰[瓶詰]にする
- **cannot** can not の複合形
- **care** 名 心配, 注意 **take care** 気をつける, 注意する **take care of ~** ~の世話をする, ~に気をつける, ~を処理する 動 ①《通例否定文・疑問文で》気にする, 心配する ②世話をする **care for ~** ~の世話をする,《否定文・疑問文で》~を好む
- **cargo** 名 積み荷
- **castle** 名 城, 大邸宅
- **cause** 名 原因, 理由, 動機 動 (~の)原因となる, 引き起こす
- **chair** 名 ①いす ②《the –》議長[会長]の席[職]
- **chance** 名 ①偶然, 運 ②好機 ③見込み **by any chance** ひょっとして **by chance** 偶然 形 偶然の, 思いがけない 動 偶然見つける
- **change** 動 ①変わる, 変える ②交換する ③両替する 名 ①変化, 変更 ②取り替え, 乗り換え ③つり銭, 小銭
- **cheer** 名 ①応援 ②気分, 機嫌 動 ①元気づける ②かっさいを送る
- **cheerful** 形 上機嫌の, 元気のよい, (人を)気持ちよくさせる
- **cheery** 形 元気いっぱいの, 陽気な
- **child** 名 子ども
- **childhood** 名 幼年[子ども]時代
- **children** 名 child (子ども)の複数
- **choose** 動 選ぶ, (~に)決める
- **chose** 動 choose (選ぶ)の過去
- **church** 名 教会, 礼拝(堂)
- **city** 名 ①都市, 都会 ②《the –》(全)市民
- **clap** 動 (手を)たたく
- **clean** 形 ①きれいな, 清潔な ②正当な 動 掃除する 副 ①きれいに ②まったく, すっかり
- **clever** 形 ①頭のよい, 利口な ②器用な, 上手な
- **climb** 動 登る, 徐々に上がる 名 登ること, 上昇
- **close** 形 ①近い ②親しい ③狭い 副 ①接近して ②密集して 動 ①閉

57

まる，閉める ②終える，閉店する
- □ **closet** 名 棚，物置，押し入れ
- □ **clothes** 動 clothe (服を着せる) の3人称単数現在 名 衣服，身につけるもの
- □ **clothing** 名 衣類，服
- □ **cloudy** 形 ①曇った，雲の多い ②はっきりしない，濁った
- □ **cold** 形 ①寒い，冷たい ②冷淡な，冷静な 名 ①寒さ，冷たさ ②風邪
- □ **colored** 形 色のついた
- □ **come** 動 ①来る，行く，現れる ②(出来事が)起こる，生じる ③~になる **come about** 起こる **come off** 取れる，はずれる **come up with** ~に追いつく，~を思いつく，~を提案する
- □ **cook** 動 料理する，(食物が)煮える 名 料理人，コック
- □ **cost** 名 ①値段，費用 ②損失，犠牲 **at all costs** どんな犠牲を払っても，ぜひとも 動 (金・費用が)かかる，(~を)要する
- □ **cottage** 名 小別荘，小さな家
- □ **could** 助 ①can (~できる) の過去 ②《仮定法で能力・可能性などを表す婉曲的な表現》③《仮定法で事実に反する帰結》**Could you ~?** ~してくださいますか？
- □ **country** 名 ①国 ②《the -》田舎，郊外 ③地域，領域，分野 形 田舎の，野暮な
- □ **course** 名 ①進路，方向 ②経過，成り行き ③科目，講座 ④策，方策 **of course** もちろん，当然
- □ **cow** 名 雌牛，乳牛
- □ **cry** 動 泣く，叫ぶ，大声を出す，嘆く 名 泣き声，叫び，かっさい
- □ **cup** 名 ①カップ，茶わん ②賞杯，競技大会
- □ **cut** 動 ①切る，刈る ②短縮する，削る 名 ①切ること，切り傷 ②削除 ③ヘアスタイル

D

- □ **dance** 動 踊る，ダンスをする 名 ダンス，ダンスパーティー
- □ **danger** 名 危険，障害，脅威
- □ **dark** 形 ①暗い，闇の ②(色が)濃い ③陰うつな 名 ①《the -》暗がり，闇 ②日暮れ，夜 ③暗い色 [影]
- □ **daughter** 名 娘
- □ **day** 名 ①日中，昼間 ②日，期日 ③《-s》時代，生涯
- □ **dead** 形 ①死んでいる，活気のない，枯れた ②まったくの **half dead** 疲れきって 名《the -》死者たち，故人 副 完全に，まったく
- □ **dear** 形 いとしい，親愛なる **be dearer than life itself** 命よりも大切だ 名 ねえ，あなた《呼びかけ》間 まあ，おや
- □ **decide** 動 決定[決意]する，(~しようと)決める，判決を下す
- □ **decorate** 動 飾る
- □ **deep** 形 ①深い，深さ~の ②深遠な ③濃い 副 深く
- □ **delicious** 形 おいしい，うまい
- □ **delight** 動 喜ぶ，喜ばす，楽しむ，楽しませる 名 喜び，愉快
- □ **diamond** 名 ①ダイヤモンド ②ひし形
- □ **did** 動 do (~をする) の過去 助 do の過去
- □ **die** 動 死ぬ，消滅する **die a happy man** 幸せに死ぬ
- □ **difficult** 形 困難な，むずかしい，扱いにくい
- □ **dinner** 名 ①ディナー，夕食 ②夕食[食事]会，祝宴
- □ **dirty** 形 ①汚い，汚れた ②卑劣な，不正な 動 汚す
- □ **do** 助 ①《ほかの動詞とともに用いて現在形の否定文・疑問文をつくる》②《同じ動詞を繰り返すかわりに用いる》③《動詞を強調するのに用いる》動 ~をする **do away with** ~ ~を

WORD LIST

廃止する **do with** ～ ～を処理する **do without** ～ ～なしですませる

- □ **does** 助do(～をする)の3人称単数現在 助doの3人称単数現在
- □ **done** 動do(～をする)の過去分詞
- □ **door** 名①ドア, 戸 ②一軒, 一戸
- □ **doorway** 名戸口, 玄関, 出入り口
- □ **down** 副①下へ, 降りて, 低くなって ②倒れて 前～の下方へ, ～を下って 形下方の, 下りの
- □ **dream** 名夢, 幻想 動(～の)夢を見る, 夢想[想像]する
- □ **dress** 名ドレス, 衣服, 正装 動①服を着る[着せる] ②飾る
- □ **drink** 動飲む, 飲酒する 名飲み物, 酒, 1杯
- □ **drop** 動①(ぽたぽた)落ちる, 落とす ②下がる, 下げる **drop in** ちょっと立ち寄る 名しずく, 落下
- □ **during** 前～の間(ずっと)

E

- □ **each** 形それぞれの, 各自の 代それぞれ, 各自 **each other** お互いに 副それぞれに
- □ **eagerly** 副熱心に, しきりに
- □ **earring** 名イヤリング
- □ **earth** 名①《the -》地球 ②大地, 陸地, 土 ③この世 **on earth** 世界中で, 地上で, この世で,《疑問・否定文で》いったい全体, およそ
- □ **easy** 形①やさしい, 簡単な ②気楽な, くつろいだ **take it easy** 気楽にやる
- □ **eat** 動食べる, 食事する **eat up** 食べ尽くす
- □ **edge** 名①刃 ②端, 縁 動①刃をつける, 鋭くする ②縁どる, 縁に沿って進む
- □ **eighth** 名第8番目(の人[物]), 8日 形第8番目の
- □ **either** 形①(2つのうち)どちらかの ②どちらでも 代どちらも, どちらでも 副①どちらか ②《否定文で》～もまた(…ない) 接《either ～ or …の形で》～かまたは…か
- □ **elder** 形年上の, 年長の
- □ **eldest** 形最年長の
- □ **elephant** 名象
- □ **else** 形①そのほかに[の], 代わりに ②さもないと **or else** さもないと
- □ **empty** 形①空の, 空いている ②(心などが)ぼんやりした, 無意味な 動空になる[する], 注ぐ
- □ **end** 名①終わり, 終末, 死 ②果て, 末, 端 ③目的 **in the end** とうとう, 最後には 動終わる, 終える
- □ **enjoy** 動楽しむ, 享受する **enjoy oneself** 楽しく過ごす, 楽しむ
- □ **enough** 形十分な, (～するに)足る 名十分(な量[数]), たくさん **enough of** ～ ～はもうたくさん 副(～できる)だけ, 十分に, まったく **cannot do enough** いくら～してもしたりない
- □ **entertain** 動①もてなす, 接待する ②楽しませる
- □ **especially** 副特別に, とりわけ
- □ **even** 副①《強意》～でさえも, ～ですら, いっそう, なおさら ②平等に **even if** ～ たとえ～でも **even though** ～ ～であるのに, たとえ～でも 形①平らな, 水平の ②等しい, 均一の ③落ち着いた 動平らになる[する], 釣り合いがとれる
- □ **evening** 名①夕方, 晩 ②《the [one's] -》末期, 晩年, 衰退期
- □ **ever** 副①今までに, これまで, かつて ②《強意》いったい ③常に, 絶えず **ever after** その後いつまでも
- □ **every** 形①どの～も, すべての, あらゆる ②毎～, ～ごとの
- □ **everyone** 代誰でも, 皆
- □ **everything** 代すべてのこと[もの], 何でも, 何もかも

- **everywhere** 副 どこにいても、いたるところに

- **evil** 形 ①邪悪な ②有害な、不吉な 名 ①邪悪 ②害、わざわい、不幸 副 悪く

- **except** 前 ～を除いて、～のほかは **except for** ～ ～を除いて、～がなければ 接 ～ということを除いて

- **excite** 動 興奮させる、刺激する

- **exercise** 名 ①運動、体操 ②練習 動 ①運動[練習]する ②影響を及ぼす

- **expensive** 形 高価な、ぜいたくな

- **experience** 名 経験、体験 動 経験[体験]する

- **explain** 動 説明する、明らかにする、釈明[弁明]する

- **eye** 名 ①目、視力 ②眼識、観察力 ③注目 **catch one's eye** ～の注意[目]を引く **keep an eye on** ～ ～から目を離さない

F

- **face** 名 ①顔、顔つき ②外観、外見 ③(時計の)文字盤、(建物の)正面 **face to face** 面と向かって、差し向かいで **in (the) face of** ～ ～の面前で、～に直面して **show in one's face** ～の顔に表れる 動 直面する、立ち向かう

- **fair** 形 ①正しい、公平[正当]な ②快晴の ③色白の、金髪の ④かなりの 副 ①公平に、きれいに ②見事に

- **fairy** 名 妖精 形 妖精の(ような)

- **fall** 動 ①落ちる、倒れる ②(値段・温度が)下がる ③(ある状態に)急に陥る **fall into** ～に急に陥る 名 ①落下、墜落 ②滝 ③崩壊 ④秋

- **family** 名 家族、家庭、一門、家柄 形 家族の **family business** 家業

- **famous** 形 有名な、名高い

- **fancy** 名 ①幻想、空想 ②想像力 形 ①装飾的な、見事な ②法外な、高級な 動 ①心に描く、(～と)考える ②好む、引かれる

- **far** 副 遠くに、はるかに、離れて **as far as** ～ ～と同じくらい遠く、～まで、～する限り(では) **by far** はるかに、断然 **far from** ～ ～から遠い、～どころか **so far** 今までのところ、これまでは 形 遠い、向こうの 名 遠方

- **farm** 名 農場、農家 動 (～を)耕作する

- **farmer** 名 農民、農場経営者

- **fast** 形 ①(速度が)速い ②(時計が)進んでいる ③しっかりした 副 ①速く、急いで ②(時計が)進んで ③しっかりと、ぐっすりと

- **father** 名 ①父親 ②先祖、創始者 ③《F-》神 ④神父、司祭

- **favor** 名 ①好意、えこひいき ②格別のはからい、親切な行為 **ask a favor** お願いをする **in favor of** ～ ～に賛成して 動 好意を示す、賛成する

- **favorite** 名 お気に入り(の人[物]) 形 お気に入りの、ひいきの

- **fear** 名 ①恐れ、心配、不安 動 ①恐れる ②心配する

- **feel** 動 感じる、(～と)思う **feel for** ～ ～に同情する、～を手さぐりで探す **feel like** ～ ～がほしい、～したい気がする、～のような感じがする

- **feeling** 名 感じ、気分、《-s》感情

- **fell** 動 fall (落ちる) の過去

- **felt** 動 feel (感じる) の過去、過去分詞 名 フェルト 形 フェルト(製)の

- **field** 名 ①野原、田畑、広がり ②(研究)分野 ③競技場

- **fight** 動 (～と)戦う、争う 名 ①戦い、争い ②闘志、ファイト

- **fill** 動 ①満ちる、満たす 《be -ed with》～でいっぱいになる

- **final** 形 最後の、決定的な 名 ①最後のもの ②期末[最終]試験 ③《-s》決勝戦

WORD LIST

- **finally** 副最後に、ついに、結局
- **find** 動①見つける ②(〜と)わかる、〜と考える ③得る 名発見(物)
- **fine** 形①元気な ②美しい、りっぱな ③晴れた ④細かい、微妙な 副りっぱに、申し分なく 動罰金を科す 名罰金
- **finger** 名(手の)指 動指でさわる
- **finish** 動終わる、終える 名終わり、最後
- **fire** 名①火、炎、火事 ②砲火、攻撃 動①発射する ②解雇する ③火をつける
- **fireplace** 名暖炉
- **firework** 名花火
- **first** 名最初、第1(の人[物]) at first 最初は、初めのうちは 形①第1の、最初の ②最も重要な 副第一に、最初に first of all 何よりもまず
- **flower** 名①花、草花 ②満開 動花が咲く
- **flowering** 形花の咲いた、花盛りの
- **follow** 動①ついていく ②(〜の)結果として起こる ③(忠告などに)従う ④理解できる
- **food** 名食物、えさ、肥料
- **fool** 名ばか者、おろかな人 make a fool of 〜 〜をばかにする 動ばかにする、だます、ふざける
- **foot** 名①足、足取り ②(山などの)ふもと ③フィート《長さの単位。約30cm》
- **footstep** 名足音、歩み
- **for** 前①《目的・原因・対象》〜にとって、〜のために[の]、〜に対して ②《期間》〜間 ③《代理》〜の代わりに ④《方向》〜へ(向かって)
- **forest** 名森林
- **forever** 副永遠に、絶えず
- **forget** 動忘れる、置き忘れる
- **forgive** 動許す、免除する
- **forgot** 動forget(忘れる)の過去、過去分詞
- **forward** 形①前方の、前方へ向かう ②将来の ③先の 副①前方に ②将来に向けて ③先へ、進んで 動①転送する ②進める 名前衛
- **found** 動find(見つける)の過去、過去分詞
- **free** 形①自由な、開放された、自由に〜できる ②暇で、(物が)空いている、使える ③無料の 副①自由に ②無料で 動自由にする、解放する
- **free will** 自由意志 of one's own free will 〜の自由意志で
- **fresh** 形①新鮮な、生気のある ②さわやかな、清純な ③新規の
- **friend** 名友だち、仲間
- **from** 前①《出身・出発点・時間・順序・原料》〜から ②《原因・理由》〜がもとで
- **front** 名正面、前 形正面の、前面の
- **fruit** 名①果実、実 ②《-s》成果、利益 heavy with fruit 果実がたわわに実って 動実を結ぶ
- **full** 形①満ちた、いっぱいの、満期の、満腹で ②całość、盛りの、充実した 名全部 in full 全部、全額 to the full 十分に、心行くまで
- **furniture** 名家具、備品、調度

G

- **garden** 名庭、庭園 動園芸をする、庭いじりをする
- **gate** 名①門、扉、入り口 ②(空港・駅などの)ゲート
- **gave** 動give(与える)の過去
- **gentleman** 名紳士
- **gently** 副親切に、上品に、優しく
- **get** 動①得る、手に入れる ②(ある状態に)なる、いたる ③わかる、理解する ④〜させる ⑤(ある場所に)達する、着く get off 〜 〜から降りる get on 〜 〜に乗る

- **gift** 名 ①贈り物 ②(天賦の)才能 動 授ける
- **girl** 名 女の子, 少女
- **give** 動 ①与える, 贈る ②伝える, 述べる ③(〜を)する **give in** 降参する, (書類などを)提出する **give off** 発散する, 放つ **give out** 分配する, 発表する, 尽きる **give up** あきらめる, やめる
- **glad** 形 ①うれしい, 喜ばしい ②《be 〜 to do》〜してうれしい, 喜んで〜する
- **glass** 名 ①ガラス(状のもの), コップ, グラス ②鏡, 望遠鏡 ③《-es》めがね
- **glove** 名 手袋, グローブ
- **go** 動 ①行く, 出かける ②動く ③進む, 経過する, いたる ④(ある状態に)なる **go away** 立ち去る **be going to do** 〜するつもり[予定]である **go by** 経過する, 通り過ぎる **go for 〜** 〜に出かける, 〜を取りに行く, 〜を好む **go off** 立ち去る, 発射する **go on** 続く, 続ける, 進んで行く **go with 〜** 〜と一緒に行く, 〜と調和する **go without 〜** 〜なしですませる
- **god** 名 神 **My god!** 何ということだ！
- **gold** 名 金, 金貨, 金製品, 金色 形 金の, 金製の, 金色の
- **golden** 形 ①金色の ②金製の ③貴重な
- **gone** 動 go (行く) の過去分詞 形 去った, 使い果たした, 消えた
- **good** 形 よい, 上手な, 優れた **as good as 〜** 〜も同然で, ほとんど〜 **be good at 〜** 〜が得意である 間 よかった, わかった, よろしい 名 善, 徳, 益, 幸福
- **goodbye** 間 さようなら 名 別れのあいさつ
- **got** 動 get (得る) の過去, 過去分詞
- **gown** 名 ガウン, 室内着

- **grass** 名 草, 牧草(地), 芝生 動 草[芝生]で覆う[覆われる]
- **great** 形 ①大きい, 広大な, (量や程度が)たいへんな ②偉大な, 優れた ③すばらしい, おもしろい
- **greedy** 形 どん欲である, 欲深い
- **green** 形 ①緑色の, 青々とした ②未熟な, 若い ③生き生きした 名 ①緑色 ②草地, 芝生, 野菜
- **grew** 動 grow (成長する) の過去
- **grow** 動 ①成長する, 育つ, 育てる ②増大する, 大きくなる, (次第に〜に) なる
- **growl** 動 (〜に向かって)うなる, 不平を言う, どなる 名 うなり声, ほえ声

H

- **had** 動 have (持つ) の過去, 過去分詞 助 have の過去《過去完了の文をつくる》**had better do** 〜したほうがよい **had never worked** 働いたことがなかった **had to do** 〜しなければならなかった
- **hair** 名 髪, 毛 **pull one's hair** 髪をかきむしる
- **hairy** 形 毛むくじゃらの, 毛製の
- **half** 名 半分 形 半分の, 不完全な 副 半分に, なかば, 不十分に
- **hand** 名 ①手 ②(時計の)針 ③援助の手, 助け **at hand** 近くに, 近づいて **at the hands of** 〜の手にかかって **on hand** 手元に **on the other hand** 他方では 動 手渡す **hand in** 差し出す, 提出する **hand out** 配る **hand over** 引き渡す, 譲渡する
- **handsome** 形 端正な(顔立ちの), りっぱな, (男性が)ハンサムな
- **happen** 動 ①(出来事が)起こる, 生じる ②偶然[たまたま]〜する
- **happily** 副 幸福に, 楽しく, うまく, 幸いにも

Word List

- **happy** 形 幸せな, うれしい, 幸運な, 満足して
- **hard** 形 ①堅い ②激しい, むずかしい ③熱心な, 勤勉な ④無情な, 耐えがたい **be hard on ~** ~につらく当たる, ~にこたえる **be hard up** 困りきっている 副 ①一生懸命に ②激しく ③堅く
- **hate** 動 嫌う, 憎む, (~するのを)いやがる 名 憎しみ
- **have** 動 ①持つ, 持っている, 抱く ②(~が)ある, いる ③食べる, 飲む ④経験する, (病気に)かかる ⑤催す, 開く ⑥《− − do》~に…させる ⑦《− − done》~を…させる **have to do** ~しなければならない **have to do with ~** ~と関係がある 助 《〈have + 過去分詞〉の形で現在完了の文をつくる》~した, ~したことがある, ずっと~している
- **he** 代 彼は[が]
- **head** 名 ①頭 ②先頭 ③長, 指導者 動 向かう, 向ける
- **healthy** 形 健康な, 健全な, 健康によい
- **hear** 動 聞く, 聞こえる **I hear (that) ~** ~だそうだ
- **heard** 動 hear (聞く)の過去, 過去分詞
- **heart** 名 ①心臓, 胸 ②心, 感情, ハート ③中心, 本質 **at heart** 心底では, 実際は **by heart** 暗記して **with all one's heart** 心から
- **heavy** 形 重い, 激しい, つらい
- **held** 動 hold (持つ・抱く)の過去, 過去分詞
- **hello** 間 ①こんにちは, やあ ②《電話で》もしもし **say hello to ~** ~によろしく言う
- **help** 動 ①助ける, 手伝う ②給仕する **cannot [can't] help but do** ~せずにはいられない **help oneself** 自分で取って食べる[飲む] 名 助け, 手伝い
- **her** 代 ①彼女を[に] ②彼女の

- **here** 副 ①ここに[で] ②《Here is [are] ~》ここに~がある ③さあ, そら **Here it is.** はい, どうぞ。 **Here we are.** さあ着きました。 **Here you are.** はい, どうぞ。 **Look here.** ほら。ねえ。 名 ここ
- **herself** 代 彼女自身
- **hide** 動 隠れる, 隠す, 隠れて見えない, 秘密にする
- **hill** 名 丘, 塚
- **him** 代 彼を[に]
- **himself** 代 彼自身
- **his** 代 ①彼の ②彼のもの
- **hit** 動 ①打つ, なぐる, ぶつける ②命中する ③襲う, 打撃を与える **hit on [upon] ~** ~を思いつく 名 ①打撃 ②命中 ③大成功 **make a hit** 大当たりする, 気に入られる, うまくやる
- **home** 名 ①家, 自国, 故郷, 家庭 ②収容所 副 家に, 自国へ 形 家の, 家庭の, 地元の 動 ①家[本国]に帰る ②(飛行機などを)誘導する
- **hope** 名 希望, 期待, 見込み **in the hope of ~** ~を望んで[期待して] 動 望む, (~であるようにと)思う **I hope (that) ~** ~だと思う, ~だとよいと思う
- **horrible** 形 恐ろしい, ひどい
- **horse** 名 馬
- **host** 名 ①客をもてなす主人 ②(テレビなどの)司会者
- **hot** 形 ①暑い, 熱い ②できたての, 新しい ③からい, 強烈な, 熱中した 副 ①熱く ②激しく
- **house** 名 ①家, 家庭 ②(特定の目的のための)建物, 小屋
- **housework** 名 家事
- **how** 副 ①どうやって, どれくらい, どんなふうに ②なんて(~だろう) ③《関係副詞》~する方法 **How can ~?** どういうつもりで~するんだ? よくも~できるものだ。 **How do you like ~?** ~はどう思いますか。

～はいかがですか。 **how to do** ～する方法
- □ **howl** 動 ①遠ぼえする, うなる ②(苦痛・怒りなどで)うなる, うめく 名 遠ぼえ, うなり(声・音)
- □ **huge** 形 巨大な, ばく大な
- □ **hunger** 名 ①空腹, 飢え ②(～への)欲 動 ①飢える ②熱望する
- □ **hungry** 形 ①空腹の, 飢えた ②渇望して ③不毛の
- □ **hurry** 動 急ぐ, 急がせる, あわてる 名 急ぐこと, 急ぎ必要
- □ **hurt** 動 傷つける, 痛む, 害する 名 傷, けが, 苦痛, 害
- □ **husband** 名 夫

I

- □ **I** 代 私は[が]
- □ **I Will Only Marry A Prince** 『王子様としか結婚しない』《曲名》
- □ **idea** 名 考え, 意見, アイデア, 計画
- □ **if** 接 もし～ならば, たとえ～でも, ～かどうか **if any** もしあるならば, たとえあるとしても 名 疑問, 条件, 仮定
- □ **ill** 形 ①病気の, 不健康な ②悪い **go ill with** ～にとって都合が悪い 副 悪く, 不完全に **speak ill of** ～ ～を悪く言う **think ill of** ～を悪く思う
- □ **important** 形 重要な, 大切な, 有力な
- □ **in** 前 ①《場所・位置・所属》～(の中)に[で・の] ②《時》～(の時)に[の・で], ～後(に), ～の間(に) ③《方法・手段》～で ④～を身につけて, ～を着て ⑤～の状態で ⑥《(表現の)手段・形式》～で 副 中へ[に], 中で[に]
- □ **India** 名 インド《国》
- □ **inside** 名 内部, 内側 **inside out** 裏返しに, ひっくり返して 形 内部[内側]にある 副 内部[内側]に 前 ～の内部[内側]に
- □ **instantly** 副 すぐに, 即座に
- □ **instead** 副 その代わりに **instead of** ～ ～の代わりに, ～をしないで
- □ **interested** 形 《- in ～》～に興味を持った
- □ **into** 前 ①《動作・運動の方向》～の中へ[に] ②《変化》～に[へ]
- □ **introduce** 動 紹介する, 採り入れる, 導入する
- □ **invite** 動 ①招待する, 招く ②勧める, 誘う ③～をもたらす
- □ **is** 動 be (～である)の3人称単数現在
- □ **it** 代 ①それは[が], それを[に] ②《天候・日時・距離・寒暖などを示す》
- □ **its** 代 それの, あれの
- □ **itself** 代 それ自体, それ自身

J

- □ **jealous** 形 嫉妬深い, うらやんで
- □ **jewel** 名 宝石, 貴重な人[物] 動 宝石で飾る
- □ **jewelry** 名 宝石, 宝飾品類
- □ **journey** 名 ①(遠い目的地への)旅 ②行程
- □ **joy** 名 喜び, 楽しみ
- □ **jump** 動 ①跳ぶ, 跳躍する, 飛び越える ②(～を)熱心にやり始める 名 ①跳躍 ②急騰, 急転
- □ **just** 形 正しい, もっともな, 当然な 副 ①ちょうど, (～した)ばかり ②ほんの, 単に, ただ～だけ ③ちょっと

K

- □ **kept** 動 keep (～し続ける・守る)の過去, 過去分詞
- □ **kill** 動 殺す, 消す, 枯らす 名 殺すこと

Word List

- **kind** 形 親切な, 優しい **be kind enough to do** 親切にも〜する 名 種類 **kind of** ある程度, いくらか, 〜のような物［人］
- **kindness** 名 親切(な行為), 優しさ
- **kingdom** 名 王国
- **kiss** 名 キス 動 キスする
- **knee** 名 ひざ **fall to one's knees** 膝をつく
- **knew** 動 know (知っている) の過去
- **knife** 名 ナイフ, 小刀, 包丁, 短剣
- **know** 動 ①知っている, 知る, (〜が) わかる, 理解している ②知り合いである **know better (than 〜)** (〜より) もっと分別がある **Who knows?** 誰がわかるだろうか。 **you know** ご存知の通り, そうでしょう

L

- **lady** 名 婦人, 夫人, 奥さん 形 女性の
- **lake** 名 湖, 湖水, 池
- **lamp** 名 ランプ, 灯火
- **land** 名 陸地, 土地 動 上陸する, 着陸する
- **large** 形 ①大きい, 広い ②大勢の, 多量の 副 ①大きく ②自慢して
- **last** 形 ①《the-》最後の ②この前の, 先〜 ③最新の **the last time 〜** この前〜した時 副 ①最後に ②この前 《the-》最後［すぐ前・最近］(のもの), 終わり **at last** ついに 動 続く, 持ちこたえる
- **late** 形 ①遅い, 後期の ②最近の ③《the-》故〜 副 ①遅れて, 遅く (まで) ②最近まで, 以前
- **later** 形 もっと遅い, もっと後の 副 後で, 後ほど **later on** もっと後で, のちほど **sooner or later** 遅かれ早かれ
- **laugh** 動 ①笑う ②あざ笑う 名 笑い (声)
- **lay** 動 ①置く, 横たえる, 敷く ②整える ③卵を産む ④lie (横たわる) の過去 **lay off** レイオフする, 一時解雇する
- **lazy** 形 怠惰な, 仕事ぎらいの
- **learn** 動 学ぶ, 習う, 教わる, 知識［経験］を得る
- **least** 形 いちばん小さい, 最も少ない 副 いちばん小さく, 最も少なく 名 最小, 最少 **at least** 少なくとも
- **leave** 動 ①出発する, 去る ②残す ③(人を〜の) ままにしておく ④ゆだねる 名 ①休暇 ②許可 ③別れ
- **leaves** leaf (葉) の複数 動 leave (出発する) の3人称単数現在
- **led** 動 lead (導く) の過去, 過去分詞
- **left** 名 《the-》左, 左側 形 左の, 左側の 副 左に, 左側に 動 leave (出発する) の過去, 過去分詞
- **let** 動 (人に〜) させる, (〜するのを) 許す, (〜をある状態に) する **Let me see.** ええと。
- **letter** 名 ①手紙 ②文字 ③文学, 文筆業
- **library** 名 ①図書館, 図書室, 書斎 ②蔵書
- **lie** 動 ①うそをつく ②横たわる, 寝る ③(ある状態に) ある, 存在する 名 うそ, 詐欺
- **life** 名 ①生命, 生物 ②一生, 生涯, 人生 ③生活, 暮らし, 世の中
- **light** 名 光, 明かり **come to light** 明るみに出る 動 火をつける, 照らす, 明るくする［なる］ 形 ①明るい ②(色が) 薄い, 淡い ③軽い, 容易な **make light of 〜** 〜を軽んじる 副 軽く, 容易に
- **like** 動 好む, 好きである **would like 〜** 〜がほしいのですが **would like to do** 〜したいのですが **Would you like 〜?** 〜はいかがですか。 前 〜に似ている, 〜のような **feel like 〜** 〜のように感じる, 〜がほしい **look like 〜** 〜のように見える, 〜に似ている 形 似ている, 〜の

- **lip** 名唇,《-s》口
- **listen** 動《-to》~を聞く,~に耳を傾ける
- **lit** 動 light（火をつける）の過去,過去分詞 **road lit with lamps** ランプで照らされた道
- **little** 形 ①小さい,幼い ②少しの,短い ③ほとんど~ない,《a -》少しはある 名少し(しか),少量 **little by little** 少しずつ 副全然~ない,《a -》少しはある
- **live** 動住む,生きている,~の生活[一生]を送る 形 ①生きている,生きた ②ライブの,実況の 副生で,ライブで
- **lonely** 形 ①孤独な,心さびしい ②ひっそりした,人里離れた
- **long** 形長い,長期の 副長い間,ずっと **no longer ~** もはや~でない[~しない] **not ~ any longer** もはや~でない[~しない] **so [as] long as ~** ~する限りは 名長い期間 **before long** 間もなく,やがて 動切望する,思い焦がれる
- **look** 動 ①見る ②(~に)見える,(~の)顔つきをする ③注意する ④《間投詞のように》ほら,ねえ **look after ~** ~の世話をする,~に気をつける **look down on ~** ~を見下す **look for ~** ~を探す **look forward to ~** ~を期待する,~を心待ちにする **look on ~** 傍観する,眺める 名 ①一見,目つき ②外観,様子
- **lose** 動 ①失う,迷う,忘れる ②負ける,失敗する
- **lost** 動 lose（失う）の過去,過去分詞 形 ①失った,負けた ②道に迷った,困った ③没頭している
- **lot** 名 ①くじ,運 ②地所,区画 ③たくさん,たいへん,《a - of, -s of》たくさんの~ ④やつ,連中
- **loud** 形大声の,騒がしい 副大声に[で]

- **love** 名愛,愛情,思いやり 動愛する,恋する,大好きである
- **low** 形 ①低い,弱い ②低級の,劣等な 副低く 名 ①低い水準[点] ②低速ギア
- **luck** 名運,幸運,めぐり合わせ
- **lucky** 形幸運な,運のよい,縁起のよい
- **lying** 動 lie（うそをつく・横たわる）の現在分詞 形 ①うそをつく,虚偽の ②横になっている 名 ①うそをつくこと,虚言,虚偽 ②横たわること

M

- **mad** 形 ①気の狂った ②逆上した,理性をなくした ③ばかげた ④(~に)熱狂[熱中]して,夢中の **go mad** 発狂する
- **made** 動 make（作る）の過去,過去分詞 形作った,作られた
- **magic** 名 ①魔法,手品 ②魔力 形魔法の
- **make** 動 ①作る,得る ②行う,(~に)なる ③(~を…に)する,(~を…)させる **make do with ~** ~で間に合わせる **make it** 到達する,成功する **make out** 作成する,理解する **make up for ~** ~の埋め合わせをする
- **man** 名男性,人,人類
- **many** 形多数の,たくさんの 代多数(の人)[物])
- **marry** 動結婚する《get -ied》結婚する
- **match** 名 ①試合,勝負 ②相手,釣り合うもの ③マッチ(棒) 動 ①(~を…に)勝負させる ②調和する,釣り合う **match up to ~** ~と合致[匹敵]する
- **matching** 形 (色・外観などが)調和する
- **may** 助 ①~かもしれない ②~し

Word List

- **maybe** 副 たぶん, おそらく
- **me** 代 私を [に]
- **meal** 名 ①食事 ②ひいた粉, あらびき粉
- **mean** 動 ①意味する ②(~のつもりで)言う, 意図する ③~するつもりである **I mean** つまり, そうではなく 形 ①卑怯な, けちな, 卑しい, 意地悪な ②中間の 名 中間, 中位
- **meant** 動 mean(意味する)の過去, 過去分詞
- **meet** 動 ①会う, 知り合いになる ②合流する, 交わる ③(条件などに)達する, 合う ④出迎える **meet with ~** ~に出会う
- **men** 名 man(男性)の複数
- **merchant** 名 商人, 貿易商
- **met** 動 meet(会う)の過去, 過去分詞
- **might** 助《mayの過去》①~かもしれない ②~してもよい, ~できる 名 力, 権力 **with all one's might** 全力で
- **milk** 名 牛乳, ミルク 動 乳をしぼる
- **mind** 名 ①心, 精神 ②知性 ③考え **make up one's mind** 決心する 動 ①気にする, いやがる ②気をつける, 用心する **Never mind.** 心配するな。
- **mirror** 名 鏡 動 映す **mirrored closet** 鏡つきのクローゼット
- **miss** 動 ①失敗する, 免れる ②(~が)ないのに気づく, (人が)いなくてさびしく思う 名 はずれ, 失敗
- **mistake** 名 誤り, 誤解, 間違い 動 間違える, 誤解する
- **money** 名 金, 通貨
- **monster** 名 怪物
- **month** 名 月, 1か月
- **more** 形 ①もっと多くの ②それ以上の, 余分の 副 もっと, さらに多く, いっそう **more and more** ますます **more or less** 多少, 多かれ少なかれ **no more** もう~ない **no more than ~** たった~, ほんの~ **not any more** もう~ない **once more** もう一度 **the more ~, the more …** ~すればするほどますます… 代 もっと多くの物 [人]
- **morning** 名 朝, 午前
- **most** 形 ①最も多い ②たいていの, 大部分の 代 ①大部分, ほとんど ②最多数, 最大限 **at (the) most** せいぜい, 多くても **make the most of ~** ~を最大限利用する 副 最も(多く) **most of all** とりわけ, 中でも
- **mountain** 名 ①山 《the ~ M-s》~山脈 ③山のようなもの, 多量
- **move** 動 ①動く, 動かす ②感動させる ③引っ越す, 移動する 名 ①動き, 運動 ②転居, 移動
- **much** 形 (量・程度が)多くの, 多量の **as much ~ as …** …と同じだけの~ 副 ①とても, たいへん ②ほぼ 名 多量, たくさん, 重要なもの **as much as ~** ~と同じだけ
- **music** 名 音楽, 楽曲
- **must** 助 ①~しなければならない ②~に違いない 名 絶対に必要なこと [もの]
- **my** 代 私の

N

- **near** 前 ~の近くに, ~のそばに 形 近い, 親しい 副 近くに, 親密で **near at hand** 手近に **near by** 近くに [の]
- **nearly** 副 ①近くに, 親しく ②ほとんど, あやうく
- **necklace** 名 ネックレス, 首飾り
- **need** 動 (~を)必要とする, 必要である 助 ~する必要がある 名 ①必要(性), 《-s》必要なもの ②まさかの時 **in need** 必要で, 困って

- □ **nest** 名①巣 ②居心地よい場所, 休憩所, 隠れ家 動(鳥が)巣を作る
- □ **never** 副決して[少しも]~ない, 一度も~ない
- □ **new** 形①新しい, 新規の ②新鮮な, できたての **What's new?** お変わりありませんか。
- □ **next** 形①次の, 翌~ ②隣の 副①次に ②隣に **next to ~** ~の隣の, ~の次に 代次の人[もの]
- □ **nice** 形すてきな, よい, きれいな, 親切な **Nice to meet you.** お会いできてうれしい。
- □ **night** 名夜, 晩
- □ **no** 副①いいえ, いや ②少しも~ない 形~がない, 少しも~ない, ~どころでない, ~禁止 名否定, 拒否
- □ **noise** 名騒音, 騒ぎ, 物音
- □ **not** 副~でない, ~しない **not (~) at all** まったく(~で)ない **not ~ but ...** ~ではなくて... **not yet** まだ~してない
- □ **nothing** 代何も~ない[しない] **be good for nothing** 何の役にも立たない **come to nothing** 失敗に終わる **for nothing** ただで, 無料で, むだに **have nothing to do with ~** ~と何の関係もない **nothing but ~** ただ~だけ, ~にすぎない **think nothing of ~** ~を苦にしない, ~を軽視する
- □ **now** 副①今(では), 現在 ②今すぐに ③では, さて **right now** 今すぐに, たった今 名今, 現在 **by now** 今のところ **for now** 当分の間, 当面は **from now on** 今後 形今の, 現在の

O

- □ **of** 前①《所有・所属・部分》~の, ~に属する ②《性質・特徴・材料》~の, ~製の ③《部分》~のうち ④《分離・除去》~から ⑤《目的格関係》~を ⑥《原因・動機》~で, ~のために
- □ **off** 副①離れて ②はずれて ③止まって ④休んで 形①離れて ②季節はずれの ③休みの 前~を離れて, ~をはずれて, (値段が)~引きの
- □ **offer** 動申し出る, 申し込む, 提供する 名提案, 提供
- □ **often** 副しばしば, たびたび
- □ **oh** 間ああ, おや, まあ
- □ **okay** 形《許可・同意・満足などを表して》よろしい, 正しい 名許可, 承認 動オーケー[承認]する
- □ **old** 形①年取った, 老いた ②~歳の ③古い, 昔の 名昔, 老人
- □ **on** 前①《場所・接触》~(の上)に ②《日・時》~に, ~と同時に, ~のすぐ後で ③《関係・従事》~に関して, ~について, ~して 副①身につけて, 上に ②前へ, 続けて
- □ **once** 副①一度, 1回 ②かつて **once in a while** たまに, 時々 **once upon a time** 昔々 名一度, 1回 **all at once** 突然 **at once** すぐに, 同時に **for once** 今回だけは 接いったん~すると
- □ **one** 名1(の数字), 1人[個] **one by one** 1つずつ, ひとりずつ 形①1の, 1人[個]の ②ある~ ③《the -》唯一の 代①(一般の)人, ある物 ②一方, 片方 ③~なもの
- □ **only** 形唯一の 副①単に, ~にすぎない ②やっと **if only ~** ~でありさえすれば **not only ~ but (also) ...** ~だけでなく...もまた 接ただし, だがしかし
- □ **onto** 前~の上へ[に]
- □ **open** 形①開いた, 広々とした ②公開された 動①開く, 開ける, 始まる ②広がる, 広げる ③打ち明ける
- □ **or** 接①~か..., または..., ~でも...でも, 《否定文で》~も...もない ②さもないと ③すなわち, 言い換えると
- □ **orange** 名オレンジ 形オレンジ(色)の
- □ **other** 形①ほかの, 異なった ②(2つのうち)もう一方の, (3つ以上のう

ち) 残りの **every other ~** 1つおき の~ **the other day** 先日 代①ほかの人[物] ②《the -》残りのひとつ 副そうでなく, 別に

- **our** 代私たちの

- **out** 副①外へ[に], 不在で, 離れて ②世に出て ③消えて ④すっかり 形①外の, 遠く離れた, ②公表された 前~から外へ[に] 動①追い出す ②露見する ③(スポーツで)アウトにする

- **outside** 名外部, 外側 形外部の, 外側の 副外へ, 外側に 前~の外に[で・の・へ], ~の範囲を越えて

- **over** 前①~の上の[に], ~を一面に覆って ②~を越えて, ~以上に, ~よりまさって ③~の向こう側の[に] ④~の間 ⑤~について 副①上に, 一面に, ずっと ②終わって, すんで **all over** 至る所に, ~中に **over and over (again)** 何度も繰り返して

- **overjoy** 動~を大喜びさせる

- **own** 形自身の 動持っている, 所有する

- **owner** 名持ち主, オーナー

P

- **pack** 名①包み, 荷物 ②群れ, 一組 動荷造りする, 詰め込む **pack off** 急いで行ってしまう, どんどん行かせる, 首にする **pack up** 荷物をまとめる, 故障する, 放棄する

- **page** 名①ページ ②(ホテルなどの)ボーイ 動(ボーイや放送で)呼び出す

- **pain** 名①痛み, 苦悩 ②《-s》骨折り, 苦労 動苦痛を与える, 痛む

- **pair** 名(2つから成る)一対, 一組, ペア 動対になる[する]

- **pale** 形①(顔色・人が)青ざめた, 青白い ②(色が)薄い, (光が)薄暗い 動①青ざめる, 青ざめさせる ②淡くなる[する], 色あせる

- **party** 名①パーティー, 会, 集まり ②派, 一行, 隊, 一味

- **pass** 動①過ぎる, 通る ②(年月が)たつ ③(試験に)合格する ④手渡す **pass away** 亡くなる **pass by** そばを通り過ぎる, 経過する 名①通過 ②入場券, 通行許可 ③合格, パス

- **past** 形過去の, この前の 名過去(の出来事) 前(時間が)~を過ぎて, ~を越して 副通り越して, 過ぎて

- **path** 名①(踏まれてできた)小道, 歩道 ②進路, 通路

- **pay** 動①支払う, 払う, 報いる, 償う ②割に合う, ペイする **pay with one's life** 死んで償う 名給料, 報い

- **peace** 名①平和, 和解, 《the -》治安, 安心 ②平穏, 静けさ **in peace** 平和のうちに, 安心して **make peace (with ~)** (~と)仲直りする, 和解する

- **pearl** 名真珠

- **people** 名①(一般に)人々 ②民衆, 世界の人々, 国民, 民族 ③人間

- **perfume** 名香り, 香水 動香水をつける

- **person** 名①人 ②人格, 人柄 **in person** (本人)自ら, 自身で

- **petal** 名花弁, 花びら

- **piano** 名ピアノ

- **pillow** 名まくら

- **pirate** 名海賊 動海賊行為を働く

- **place** 名①場所, 建物 ②余地, 空間 ③《one's -》家, 部屋 **give place to ~** ~に場所[地位]を譲る **in one's place** ~の代わりに **in place of ~** ~の代わりに **take place** 行われる, 起こる **take the place of ~** ~の代わりをする 動①置く, 配置する ②任命する, 任じる

- **plan** 名計画, 設計(図), 案 動計画する

- **play** 動①遊ぶ, 競技する ②(楽器を)演奏する, (役を)演じる 名遊び,

競技, 劇

- **please** 動①喜ばす, 満足させる ②望む, 好む **do as one pleases** 好きなようにする 間 どうぞ, お願いします
- **pleasing** 形 楽しい, 気持ちのよい
- **point** 名①先, 先端 ②点 ③地点, 時点, 箇所 ④《the -》要点 **come to the point** 核心に触れる **on the point of (doing)** まさに～しようとして **to the point** 要領を得た 動①(～を)指す ②とがらせる **point out** 指摘する
- **poison** 名①毒, 毒薬 ②害になるもの 動 毒を盛る **poisoned food** 毒入りの食べ物
- **poor** 形①貧しい, 貧弱な ②劣った, へたな ③不幸な, かわいそうな 名《通例the -》貧しい人々
- **power** 名 力, 能力, 才能, 勢力, 権力 **in one's power** 力のおよぶ限り
- **present** 形①出席している, ある, いる ②現在の 名①《the -》現在 ②贈り物, プレゼント **at present** 現在は 目下 **for the present** 当分は 動①紹介する ②現れる ③提出する, 与える
- **pretty** 形①かわいい, きれいな ②相当な 副 かなり, 相当, 非常に
- **price** 名①値段, 代価, 代償, 犠牲 ②《-s》物価, 相場 **at any price** どんな犠牲を払っても **at the price of ～** ～の価格で, ～を犠牲にして 動 値段をつける, 値段を聞く
- **prince** 名 王子, プリンス
- **princess** 名 王女, 王妃
- **problem** 名 問題, 難問 **no problem** いいですよ, どういたしまして, 問題ない
- **promise** 名①約束 ②有望 動①約束する ②見込みがある
- **protect** 動 保護する, 防ぐ, 守る
- **proud** 形①自慢の, 誇った, 自尊心のある ②高慢な, 尊大な
- **pull** 動①引く, 引っ張る ②引きつける 名①引くこと ②縁故, こね
- **punishment** 名①罰, 処罰 ②罰を受けること
- **put** 動①置く, のせる ②入れる, つける ③(ある状態に)する **put aside** わきに置く **put away** 片づける, 取っておく **put off** 延期する, 要求をそらす, 不快にさせる, やめさせる **put on** (服などを)身につける, (ショーなどを)催す, (態度を)とる **put up with ～** ～を我慢する

Q

- **queen** 名 女王, 王妃
- **question** 名 質問, 疑問, 問題 **come into question** 問題になる, 議論される **in question** 問題の, 論争中の 動①質問する ②調査する ③疑う
- **quick** 形 (動作が)速い, すばやい 副 速く, 急いで, すぐに
- **quickly** 副 敏速に, 急いで
- **quiet** 形①静かな, 穏やかな, じっとした ②おとなしい, 無口な, 目立たない 名 静寂, 平穏 動 静まる, 静める
- **quietly** 副①静かに ②平穏に, 控えめに

R

- **ran** 動 run (走る) の過去
- **reach** 動①着く, 到着する, 届く ②手を伸ばして取る 名 手を伸ばすこと, (手の)届く範囲 **within reach** 手の届くところに
- **read** 動 読む, 読書する **read out** 読み上げる, 声に出して読む **read over ～** ～に目を通す **read through ～** ～を読み通す
- **ready** 形 用意[準備]ができた, ま

Word List

さに~しようとする, 今にも~せんばかりの 動用意[準備]する
- **realize** 動理解する, 実現する
- **really** 副本当に, 実際に, 確かに
- **red** 形赤い 名赤, 赤色 get into red 赤字になる, 赤字を出す in the red 赤字で
- **remember** 動思い出す, 覚えている, 忘れないでいる
- **reply** 動答える, 返事をする, 応答する 名答え, 返事, 応答
- **return** 動帰る, 戻る, 返す 名①帰還, 返却 ②返答, 報告(書), 申告 by return 折り返し in return (for ~) (~の)お返しに 形①帰りの, 往復の ②お返しの
- **rich** 形①富んだ, 金持ちの ②豊かな, 濃い, 深い 名①《通例the-》金持ち ②《-es》富, 財宝
- **ride** 動乗る, 乗って行く, 馬に乗る 名乗ること
- **right** 形①正しい ②適切な ③健全な ④右(側)の 副①まっすぐに, すぐに ②右(側)に ③ちょうど, 正確に right away すぐに right now ちょうど今 名①正しいこと ②権利 ③《the-》右, ライト ④《the R-》右翼
- **ring** 名①輪, 円形, 指輪 ②競技場, リング 動①輪で取り囲む ②鳴る, 鳴らす ③電話をかける
- **road** 名①道路, 道, 通り ②手段, 方法
- **roar** 動①ほえる ②(人が)わめく ③鳴り響く 名①ほえ声, 怒号 ②大笑い
- **rock** 名①岩, 岸壁, 岩石 ②揺れること, 動揺 動揺れる, 揺らす
- **rode** 動 ride (乗る)の過去
- **Rodwick** 名ロドウィック《人名》
- **room** 名①部屋 ②空間, 余地
- **rose** 名①バラ(の花) ②バラ色 形バラ(色)の 動 rise (昇る)の過去
- **rosebud** 名バラのつぼみ
- **rosebush** 名バラの木, バラの茂み
- **ruby** 名ルビー 形ルビー(色)の, 真紅の
- **rude** 形粗野な, 無作法な, 失礼な
- **run** 動①走る ②運行する ③(川が)流れる ④経営する run after ~ ~を追いかける run away 逃げる run onto ~に乗り上げる 名①走ること, 競走 ②連続, 続き ③得点

S

- **sad** 形①悲しい, 悲しげな ②惨めな, 不運な
- **sadly** 副悲しそうに, 不幸にも
- **safe** 形①安全な, 危険のない, 無事な[に] ②用心深い, 慎重な 名金庫
- **said** 動 say (言う)の過去, 過去分詞
- **same** 形①同じ, 同様の ②前述の the same ~ as [that] …… …と同じ(ような)~ 《the-》同一の人[物] 《the-》同様に
- **sang** 動 sing (歌う)の過去
- **sank** 動 sink (沈める)の過去
- **save** 動①救う, 守る ②とっておく, 節約する
- **saw** 動① see (見る)の過去 ②のこぎりで切る, のこぎりを使う 名のこぎり
- **say** 動言う, 口に出す not to say ~とは言わないまでも say to oneself 心の中で考える, ひとりごとを言う that is to say すなわち They say ~ ~ということだ to say nothing of ~ ~は言うまでもなく What do you say to ~ ~はいかがですか You can say that again. まったくその通りだ。 You don't say (so)! まさか。 名言うこと, 言い分 have one's say 言いたいことを言う 間さあ, まあ

- ☐ **school** 图①学校,校舎,授業(時間) ②教習所,学部 ③流派 ④群れ
- ☐ **sea** 图海,《S-~》~海
- ☐ **see** 動①見る,見える,見物する ②(~と)わかる,経験する ③会う ④考える,確かめる,調べる ⑤気をつける I see. わかりました。 Let me see. ええと。 see ~ as … ~を…と考える see ~ do ~が…するのを見る see oneself in (鏡などで)自分の姿を見る See you (later). ではまた。 you see あのね,いいですか
- ☐ **seem** 動(~に)見える,(~のように)思われる
- ☐ **send** 動①送る,届ける ②手紙を出す ③(人を~に)行かせる ④《-人[物など] doing》~を(ある状態に)する
- ☐ **sent** 動 send (送る)の過去,過去分詞
- ☐ **servant** 图①召使,使用人,しもべ ②公務員,(公共事業の)従業員
- ☐ **set** 動①置く,当てる,付ける ②整える,設定する,準備する ③(太陽・月などが)沈む ④(~を…の状態に)する,させる set about ~に取りかかる set in 始まる set off 出発する,発射する set to ~ ~に着手する set up 立てる,(テントを)張る,創設する,(商売などを~として)始める 形①決められた,固定した ②断固とした ③準備のできた 图①一そろい,セット ②受信機 ③(テニスなどの)セット ④舞台装置,セット
- ☐ **seven** 图7(の数字),7人[個] 形7の,7人[個]の
- ☐ **seventeen** 图17(の数字),17人[個] 形17の,17人[個]の
- ☐ **she** 代彼女は[が]
- ☐ **ship** 图船,飛行船 動①船に積む,運送する ②乗船する
- ☐ **shock** 图衝撃,ショック 動ショックを与える
- ☐ **shook** 動 shake (振る)の過去
- ☐ **shop** 图①店,小売り店 ②仕事場 動買い物をする shop around (買い物のために)あちこち見て歩く
- ☐ **short** 形①短い ②背の低い ③不足している be short of ~ ~が足りない 副①手短に,簡単に ②不足して come short of ~ ~に及ばない cut short ~ ~を切って短くする,~を途中でさえぎる run short 不足する,切らす 图①《the-》要点 ②短編映画 ③(野球で)ショート for short 略して in short 要約すると
- ☐ **should** 動《shall の過去》~すべきである,~したほうがよい
- ☐ **shout** 動叫ぶ,大声で言う,どなりつける 图叫び,大声,悲鳴
- ☐ **show** 動①見せる,示す,見える ②明らかにする,教える ③案内する show off 見せびらかす,目立とうとする show up 顔を出す,現れる 图①表示,見世物,ショー ②外見,様子
- ☐ **sick** 形①病気の ②むかついて,いや気がさして
- ☐ **side** 图側,横,そば,斜面 on the side 副業で,片手間に side by side 並んで 形①側面の,横の ②副次的な 動(~の)側につく,賛成する
- ☐ **sigh** 動①ため息をつく,ため息をついて言う ②(風が)そよぐ 图①ため息 ②(風の)そよぐ音
- ☐ **sight** 图①見ること,視力,視界 ②光景,眺め ③見解 at the sight of ~ ~を見るとすぐに catch sight of ~ ~を見つける,~を見かける in sight 視野に入って lose sight of ~ ~を見失う out of sight 見えなくなって,法外な
- ☐ **sign** 图①きざし,徴候 ②跡 ③記号 ④身振り,合図,看板,標示 動①署名する,サインする ②合図する
- ☐ **silence** 图沈黙,無言,静寂 in silence 黙って,沈黙のうちに 動沈黙させる,静める 圓黙れ,静かに
- ☐ **silent** 形①無言の,黙っている ②静かな,音を立てない ③活動しない
- ☐ **silk** 图絹(布),生糸 形絹の,絹製の

Word List

- **simple** 形 ①単純な, 簡単な, 質素な ②単一の, 単独の ③普通の, ただの
- **since** 接 ①〜以来 ②〜だから 前 〜以来 副 それ以来 **ever since** それ以来ずっと **long since** ずっと以前に
- **sing** 動 ①(歌を)歌う ②さえずる
- **sir** 名 ①あなた, 先生《目上の男性・客などに対する呼びかけ》②拝啓《手紙の書き出し》
- **sister** 名 ①姉妹, 姉, 妹 ②修道女
- **sit** 動 ①座る, 腰掛ける ②止まる ③位置する **sit by** 傍観する **sit in** 代理として出席する, 参観する **sit up** 上体を起こす, (犬が)ちんちんをする, (遅くまで)起きている
- **sky** 名 ①空, 天空, 大空 ②天気, 空模様, 気候
- **sleep** 動 ①眠る, 寝る ②活動しない 名 ①睡眠, 冬眠 ②静止, 不活動
- **sleepy** 形 ①眠い, 眠そうな ②活気のない
- **slowly** 副 遅く, ゆっくり
- **small** 形 ①小さい, 少ない ②取るに足りない 副 小さく, 細かく
- **smart** 形 ①利口な, 抜け目のない ②きちんとした, 洗練された ③激しい, ずきずきする 動 ひりひり[ずきずき]痛む
- **smell** 動 ①(〜の)においがする ②においをかぐ ③かぎつける, 感づく 名 ①嗅覚 ②におい, 香り
- **smile** 動 微笑する, にっこり笑う 名 微笑, ほほえみ
- **snow** 名 雪 動 雪が降る
- **so** 副 ①とても ②同様に, 〜もまた ③《先行する句・節の代用》そのように, そう **not so 〜 as …** …ほど〜でない **〜 or so** 〜かそこら, 〜くらい **so as to do** 〜するように, 〜するために **so 〜 as to do** …するほど〜で **so that** それゆえに **so 〜 (that) …** あまり〜なので…だ **so that 〜 may [can] …** 〜が…するために 接 ①だから, それで ②では, さて **So what?** それがどうした。どうでもいいではないか。
- **soft** 形 ①柔らかい, 手ざわり[口あたり]のよい ②温和な, 落ち着いた
- **sold** 動 sell (売る)の過去, 過去分詞
- **some** 形 ①いくつかの, 多少の ②ある, 誰か, 何か **some time** いつか, そのうち 副 約, およそ 代 ①いくつか ②ある人[物]たち
- **something** 代 ①ある物, 何か ②いくぶん, 多少 **〜 or something** 〜か何か
- **son** 名 息子, 子弟, 〜の子
- **song** 名 歌, 詩歌, 鳴き声
- **soon** 副 まもなく, すぐに, すみやかに **as soon as 〜** 〜するとすぐ **as soon as 〜 can** できるだけ早く **sooner or later** 遅かれ早かれ
- **sorry** 形 気の毒に[申し訳なく]思う, 残念な
- **sound** 名 音, 騒音, 響き, サウンド 動 ①音がする, 鳴る ②(〜のように)思われる, (〜と)聞こえる 形 ①健全な ②妥当な ③(睡眠が)ぐっすりの 副 (睡眠を)ぐっすりと, 十分に
- **speak** 動 話す, 言う, 演説する **so to speak** いわば
- **spell** 動 ①(語を)つづる, つづりを言う ②呪文にかける 名 ①一続き, ひとしきり ②呪文, まじない
- **spent** 動 spend (時間を〜して過ごす)の過去, 過去分詞 形 使い果たした, 疲れ切った
- **spice** 名 ①スパイス, 香辛料 ②趣, 興趣 動 ①香辛料を入れる ②趣を添える
- **spoke** 動 speak (話す)の過去
- **spring** 名 ①春 ②泉, 源 ③ばね, ぜんまい 動 跳ねる, 跳ぶ
- **stand** 動 ①立つ, 立たせる, 立っている, ある ②耐える, 立ち向かう ③(人・物が)〜である **stand by** そば

に立つ, 傍観する, 待機する **stand for 〜** 〜を表す, 〜を支持する, 〜を我慢する **stand open** 開いたままである **stand out** 突き出る, 目立つ 名①台, 屋台, スタンド ②《the -s》観覧席 ③立つこと

- [ ] **start** 動①出発する, 始まる, 始める ②生じる, 生じさせる 名出発, 開始

- [ ] **statue** 名像

- [ ] **stay** 動①とどまる, 泊まる, 滞在する ②持続する, (〜の)ままでいる **stay away (from 〜)** 離れている, (〜から)留守にする **stay behind** 居残る, 留守番をする **stay on** 居残る, とどまる, (電灯などが)ついたままである **stay up** 起きている, 夜更かしする 名滞在

- [ ] **steal** 動①盗む ②こっそりと手に入れる, こっそりと〜する 名盗み, 盗品

- [ ] **step** 名①歩み, 1歩(の距離) ②段階 ③踏み段, 階段 **step by step** 一歩一歩, 着実に 動歩む, 踏む

- [ ] **still** 副①まだ, 今でも ②それでも(なお) 形静止した, 静かな

- [ ] **stone** 名①石, 小石 ②宝石 形石造りの

- [ ] **stood** 動 stand (立つ)の過去, 過去分詞

- [ ] **stop** 動①やめる, やめさせる, 止める, 止まる ②立ち止まる **stop by** (途中で)立ち寄る **stop over** 途中下車する 名①停止 ②停留所, 駅

- [ ] **storm** 名①嵐, 暴風雨 ②強襲 動①襲撃[強襲]する ②嵐が吹く ③激怒する

- [ ] **story** 名①物語, 話 ②(建物の)階

- [ ] **strange** 形①知らない, 見[聞き]慣れない ②奇妙な, 変わった **strange to say** 不思議な話だが

- [ ] **strangely** 副奇妙に, 変に, 不思議なことに, 不慣れに

- [ ] **street** 名①街路 ②《S-》〜通り

- [ ] **strong** 形①強い, 堅固な, 強烈な ②濃い ③得意な 副強く, 猛烈に

- [ ] **style** 名①やり方, 流儀, 様式, スタイル **live in style** 贅沢な暮らしをする **out of style** 流行遅れの

- [ ] **such** 形①そのような, このような ②そんなに, とても, 非常に **such as 〜** たとえば〜, 〜のような **such 〜 as …** …のような **such 〜 that …** とても〜なので… 代そのような人[物] **as such** 〜 〜など

- [ ] **suddenly** 副突然, 急に

- [ ] **summer** 名夏

- [ ] **sun** 名《the -》太陽, 日

- [ ] **Sunday** 名日曜日

- [ ] **sunny** 形①日当たりのよい, 日のさす ②陽気な, 快活な

- [ ] **sure** 形確かな, 確実な, 必ず〜する, 確信して **for sure** 確かに **make sure** 確かめる, 手配する **to be sure** 確かに, なるほど 副確かに, まったく, 本当に

- [ ] **surely** 副確かに, きっと

- [ ] **surprise** 動驚かす, 不意に襲う 名驚き, 不意打ち **to one's surprise** 〜が驚いたことに

- [ ] **survive** 動①生き残る, 存続する, なんとかする ②長生きする, 切り抜ける

- [ ] **sweet** 形①甘い ②快い ③親切な **sweet sleep** 快い眠り 名①《-s》甘い菓子 ②甘い味[香り], 甘いもの

T

- [ ] **table** 名①テーブル, 食卓, 台 ②一覧表 **on the table** 棚上げされて **set the table** 食卓の用意をする 動卓上に置く, 棚上げにする

- [ ] **take** 動①取る, 持つ ②持って[連れて]いく, 捕らえる ③乗る ④(時間・労力を)費やす, 必要とする ⑤(ある動作を)する ⑥飲む ⑦耐える, 受け入れる **take after 〜** 〜に似る **take away 〜** 〜を取り上げる, 連れ

去る **take off** 脱ぐ, 離陸する, 出発する **take out** 取り出す, 連れ出す, 持って帰る **take up** 取り上げる, 拾い上げる, やり始める, (時間・場所を) とる 名①取得 ②捕獲

- **talk** 動話す, 語る, 相談する **talk back** 口答えする 名①話, おしゃべり ②演説 ③《the –》話題
- **tea** 名①茶, 紅茶 ②お茶の会, 午後のお茶
- **tear** 名①涙 ②裂け目 動裂く, 破る, 引き離す
- **tell** 動①話す, 言う, 語る ②教える, 知らせる, 伝える ③わかる **I (can) tell you.** 本当に。絶対。 **I told you (so).** だから言ったじゃないの。
- **terrible** 形恐ろしい, ひどい, ものすごい, つらい
- **terrified** 形怖がる, ぞっとする
- **than** 接~よりも, ~以上に
- **thank** 動感謝する, 礼を言う 名《-s》感謝, 謝意 **thanks to ~** ~のおかげで
- **thankful** 形ありがたく思う
- **that** 形その, あの 代①それ, あれ, その [あの] 人 [物] ②《関係代名詞》~である… **and that** しかも **that is (to say)** すなわち **That's it.** それだけのことだ。 **that's that** それで終わりだ 接~ということ, ~なので, ~だから 副そんなに, それほど
- **the** 冠①その, あの ②《形容詞の前で》~な人々 副《- + 比較級, - + 比較級》~すればするほど…
- **their** 代彼 (女) らの, それらの
- **them** 代彼 (女) らを [に], それらを [に]
- **then** 副①その時 (に・は), それから, 次に ②それなら, 従って (**every**) **now and then** 時折, 時々 名その時 形その当時
- **there** 副①そこに [で・の], そこへ, あそこへ ②《– is [are]》~がある [いる] 名そこ

- **these** 代これら, これ 形これらの, この
- **they** 代①彼 (女) らは [が], それらは [が] ②(一般の) 人々は [が]
- **thief** 名泥棒, 強盗
- **thing** 名①物, 事 ②《-s》事情, 事柄 ③《one's -s》持ち物, 身の回り品 ④人, やつ **for one thing** 1つには
- **think** 動思う, 考える
- **this** 形①この, こちらの, これを ②今の, 現在の 代①これ, この人 [物] ②今, ここ
- **thorn** 名とげ, とげのある植物, いばら
- **though** 接①~にもかかわらず, ~だが ②たとえ~でも 副しかし
- **thought** 動 think (思う) の過去, 過去分詞 名考え, 意見
- **three** 名 3 (の数字), 3人 [個] 形 3 の, 3人 [個] の
- **threw** 動 throw (投げる・パーティなどを催す) の過去
- **through** 前~を通して, ~中を [に], ~中 副①通して ②終わりまで, まったく, すっかり
- **time** 名①時, 時間, 歳月 ②時期 ③期間 ④時代 ⑤回, 倍 **all the time** ずっと, いつも **at a time** 一度に, 続けざまに **(at) any time** いつでも **at one time** かつては **at times** 時折 **behind time** 遅刻して **for a time** しばらく **for the time being** 今のところは **from time to time** 時々 **have a good time** 楽しい時を過ごす **in time** 間に合って, やがて **on time** 時間どおりに **Time is up.** もう時間だ。 動時刻を決める, 時間を計る
- **tired** 形①疲れた ②飽きた, うんざりした
- **to** 前①《方向・変化》~へ, ~に, ~の方へ ②《程度・時間》~まで ③《適合・付加・所属》~に ④《- + 動詞の原形》~するために [の], ~する, すること ⑤~に対して, ~にとって,

〜のために

- □ **today** 名 今日 副 今日(で)は
- □ **together** 副 ①一緒に, ともに ②同時に
- □ **told** 動 tell (話す)の過去, 過去分詞
- □ **tomorrow** 名 明日 副 明日は
- □ **too** 副 ①〜も(また) ②あまりに〜すぎる, とても〜
- □ **took** 動 take (取る)の過去
- □ **touch** 動 ①触れる, さわる, 〜を触れさせる ②接触する ③感動させる 名 ①接触, 手ざわり ②手法 in touch (with 〜) (〜と)連絡を取って
- □ **toward** 前 ①《運動の方向・位置》〜の方へ, 〜に向かって ②《目的》〜のために
- □ **town** 名 町, 都会, 都市
- □ **travel** 動 ①旅行する ②進む, 移動する[させる], 伝わる 名 旅行, 運行
- □ **treasure** 名 財宝, 貴重品, 宝物 動 秘蔵する treasured thing 貴重な品
- □ **tree** 名 ①木, 樹木, 木製のもの ②系図
- □ **tried** 動 try (試みる)の過去, 過去分詞 形 試験済みの, 信頼できる
- □ **trip** 名 ①(短い)旅行, 遠征, 遠足, 出張 ②幻覚体験, トリップ 動 つまずく, しくじる
- □ **trouble** 名 ①困難, 迷惑 ②心配, 苦労 ③もめごと get into trouble 困ったことになる, トラブルに巻き込まれる 動 ①悩ます, 心配させる ②迷惑をかける
- □ **true** 形 ①本当の, 本物の, 真の ②誠実な, 確かな come true 実現する
- □ **trust** 動 信用[信頼]する, 委託する 名 信用, 信頼, 委託
- □ **truth** 名 ①真理, 事実, 本当 ②誠実, 忠実さ
- □ **try** 動 ①やってみる, 試みる ②努力する, 努める try on 試着してみる

- **try out** 実際に試してみる 名 試み, 試し
- □ **turn** 動 ①ひっくり返す, 回転する[させる], 曲がる, 曲げる, 向かう, 向ける ②(〜に)なる, (〜に)変える **turn around** 回転する, 振り返る **turn away** 向こうへ行く, 追い払う, (顔を)そむける **turn down**(音量などを)小さくする, 弱くする, 拒絶する **turn off**(スイッチなどを)ひねって止める, 消す **turn on**(スイッチなどを)ひねってつける, 出す **turn out**(明かりを)消す, 追い出す, (結局〜に)なる, 裏返しになる **turn over** ひっくり返る[返す], (ページを)めくる, 思いめぐらす, 引き渡す 名 ①回転, 曲がり ②順番 ③変化, 転換 **by turns** 交替に **in turn** 順番に
- □ **two** 名 2(の数字), 2人[個] 形 2の, 2人[個]の

U

- □ **ugly** 形 ①醜い, ぶかっこうな ②いやな, 不快な, 険悪な
- □ **under** 前 ①《位置》〜の下(に) ②《状態》〜で, 〜を受けて, 〜のもと ③《数量》〜以下[未満]の, 〜より下の 形 下の, 下部の 副 下に[で], 従属[服従]して
- □ **understand** 動 理解する, わかる, 〜を聞いて知っている **make oneself understood** 自分の言っていることをわからせる
- □ **understood** 動 understand (理解する)の過去, 過去分詞
- □ **unhappy** 形 不運な, 不幸な
- □ **until** 前 〜まで(ずっと) 接 〜の時まで, 〜するまで
- □ **up** 副 ①上へ, 上がって, 北へ ②立って, 近づいて ③向上して, 増して **be all up with 〜** 〜はもうだめだ **be up to 〜** 〜する力がある, 〜しようとしている, 〜の責任[義務]で

Word List

- ある **up and down** 上がったり下がったり, 行ったり来たり, あちこちと **up to ～**（最高）～まで 前①～の上（の方）へ, 高い方へ ②（道）に沿って 形上向きの, 上りの 名上昇, 向上, 値上がり
- **upon** 前①《場所・接触》～（の上）に ②《日・時》～に ③《関係・従事》～に関して, ～について, ～して 副前へ, 続けて
- **us** 代私たちを[に]
- **used** 形①《- to》～に慣れた ②中古の

V

- **vase** 名花瓶, 壺
- **very** 副とても, 非常に, まったく 形本当の, きわめて, まさしくその
- **visit** 動訪問する 名訪問
- **voice** 名①声, 音声 ②意見, 発言権 動声に出す, 言い表す

W

- **wait** 動①待つ,《- for》～を待つ ②延ばす, 延ばせる, 遅らせる ③《- on [upon]》～に仕える, 給仕をする
- **walk** 動歩く, 歩かせる, 散歩する 名歩くこと, 散歩
- **wall** 名①壁, 塀 ②障壁 動壁[塀]で囲む, ふさぐ
- **want** 動ほしい, 望む, ～したい, ～してほしい 名欠乏, 不足
- **war** 名戦争（状態）, 闘争, 不和
- **warm** 形①暖かい, 温暖な ②思いやりのある, 愛情のある 動暖まる, 暖める **warm up** 暖まる, ウォーミングアップする, 盛り上がる
- **warn** 動警告する, 用心させる
- **was** 動《beの第1・第3人称単数現在am, isの過去》～であった,（～に）いた[あった]
- **watch** 動①じっと見る, 見物する ②注意[用心]する, 監視する **watch out** 警戒[監視]する 名①警戒, 見張り ②腕時計 **keep（a）watch on ～** ～を見張る
- **wave** 名①波 ②（手などを）振ること 動①揺れる, 揺らす, 波立つ ②（手などを振って）合図する
- **way** 名①道, 通り道 ②方向, 距離 ③方法, 手段 ④習慣 **all the way** ずっと, はるばる, いろいろと **by the way** ところで, 途中で **by way of ～** ～を通って, ～経由で **give way** 道を譲る, 譲歩する, 負ける **in no way** 決して～でない **in the [one's] way**（～の）じゃまになって **lose one's way** 道に迷う **make one's way** 進む, 行く, 成功する **make way** 道を譲る[あける] **No way!** とんでもない。 **on the [one's] way**（～への）途中で **under way** 進行中で
- **we** 代私たちは[が]
- **weak** 形①弱い, 力のない, 病弱な ②劣った, へたな, 苦手な
- **weather** 名天気, 天候, 空模様
- **wedding** 動wed（結婚させる）の現在分詞 名結婚式, 婚礼
- **week** 名週, 1週間
- **welcome** 間ようこそ 名歓迎 動歓迎する 形歓迎される, 自由に～してよい **You're welcome.** どういたしまして。よくいらっしゃいました。
- **well** 副①うまく, 上手に ②十分に, よく, かなり **as well** なお, その上, 同様に **～ as well as …** …と同様に～も **may well do** ～するのももっともだ, 多分～だろう **Well done!** よくできた。 間へえ, まあ, ええと 形健康な **get well**（病気が）よくなる 名井戸
- **went** 動go（行く）の過去
- **were** 動《beの2人称単数・複数の過去》～であった,（～に）いた[あった]

- [ ] **wet** 形ぬれた, 湿った, 雨の 動ぬらす, ぬれる
- [ ] **what** 代①何が[を・に] ②《関係代名詞》~するところのもの[こと] What (~) for? 何のために, なぜ What's up? 何があったのですか。 what to [~ should] do するべきこと 形①何の, どんな ②なんと ③~するだけの 副いかに, どれほど
- [ ] **when** 副①いつ ②《関係副詞》~するところの, そしてそこで, ~する時 接~の時, ~する時 代いつ
- [ ] **where** 副①どこに[で] ②《関係副詞》~するところの, そしてそこで, ~するところに[へ], ~するところへ 接~なところに[へ] 代①どこ, どの点 ②~するところ
- [ ] **while** 接①~の間(に), ~する間(に) ②一方, ~なのに 名しばらくの間, 一定の時 after a while しばらくして
- [ ] **white** 形①白い, (顔色などが)青ざめた ②白人の 名白, 白色
- [ ] **who** 代①誰が[は], どの人 ②《関係代名詞》~するところの(人)
- [ ] **whole** 形全体の, すべての, 完全な, 満~, 丸~ 名《the –》全体, 全部 as a whole 全体として on the whole 全体として見ると
- [ ] **why** 副①なぜ, どうして ②《関係副詞》~するところの(理由) Why don't you ~? ~しませんか。 Why not? どうしてだめなのですか。 いいですとも。 間①おや, まあ ②もちろん, なんだって ③ええと
- [ ] **wild** 形①野生の ②荒涼として ③荒っぽい ③奇抜な
- [ ] **wildflower** 名野生の草花, 野草
- [ ] **will** 助~だろう, ~しよう, する(つもりだ), 《否定文で》どうしても~しようとしない Will you ~? ~してくれませんか。 名決意, 意図
- [ ] **win** 動勝つ, 獲得する, 達する 名勝利, 成功
- [ ] **wind** 名①風 ②うねり, 一巻き 動巻く, からみつく, うねる
- [ ] **window** 名窓, 窓ガラス
- [ ] **winter** 名冬 動冬を過ごす
- [ ] **wise** 形賢明な, 聡明な, 博学の
- [ ] **wish** 動望む, 願う, (~であればよいと)思う 名(心からの)願い
- [ ] **witch** 名魔法使い, 魔女
- [ ] **with** 前①《同伴・付随・所属》~と一緒に, ~を身につけて, ~とともに ②《様態》~(の状態)で, ~して ③《手段・道具》~で, ~を使って with all ~ ~にもかかわらず, あれほど~があるのに
- [ ] **within** 前①~の中[内]に, ~の内部に ②~以内で, ~を越えないで 副中[内]へ[に], 内部に 名内部
- [ ] **without** 前①~なしで, ~がなく, ~しないで not [never] do without doing …せずには~しない, …すれば必ず~する
- [ ] **woke** 動 wake (目が覚める)の過去
- [ ] **wolves** 名 wolf (オオカミ)の複数
- [ ] **woman** 名(成人した)女性, 婦人
- [ ] **women** 名 woman (女性)の複数
- [ ] **wonder** 動①不思議に思う, (~に)驚く ②(~かしらと)思う 名驚き(の念), 不思議なもの
- [ ] **wonderful** 形驚くべき, すばらしい, すてきな
- [ ] **wood** 名①《-s》森, 林 ②木材, まき
- [ ] **word** 名①語, 単語 ②ひと言 ③《one's –》約束 in other words 言い換えれば
- [ ] **wore** 動 wear (着ている)の過去
- [ ] **work** 動①働く, 勉強する, 取り組む ②機能[作用]する work on ~ ~で働く, ~に取り組む, ~を説得する, ~に効く work out 算出する, (問題を)解く, 理解する, (合計が~に)なる, ~の結果になる, 体を鍛える 名①仕事, 勉強 ②職 ③作品 at

- **work** 働いて, 仕事中で, (機械が)稼動中で **out of work** 失業して
- □ **world** 名《the-》世界, ～界
- □ **worried** 形困っている, 心配している
- □ **worse** 形いっそう悪い, より劣った, よりひどい 副いっそう悪く
- □ **would** 助《willの過去》①～するだろう, ～するつもりだ ②《W- you ～?》～してくださいませんか ③～したものだ **would like ～** ～がほしい **would like to do** ～したいと思う **Would you like ～?** ～はいかがですか。
- □ **wrinkle** 名しわ 動しわが寄る, しわを寄せる

Y

- □ **year** 名①年, 1年 ②学年, 年度 ③～歳 **all (the) year round [around]** 一年中 **for years** 何年も
- □ **yellow** 形黄色の 名黄色
- □ **yes** 副はい, そうです 名肯定の言葉[返事]
- □ **yet** 副①《否定文で》まだ～(ない[しない]) ②《疑問文で》もう ③《肯定文で》まだ, 今もなお ④その上さらに 接それにもかかわらず, しかし, けれども
- □ **you** 代①あなた(方)は[が], あなた(方)を[に] ②(一般に)人は
- □ **young** 形若い, 幼い, 青年の
- □ **your** 代あなた(方)の

E-CAT

English **C**onversational **A**bility **T**est
国際英語会話能力検定

● E-CATとは…
英語が話せるようになるためのテストです。インターネットベースで、30分であなたの発話力をチェックします。

www.ecatexam.com

iTEP
International Test of English Proficiency

● iTEP®とは…
世界各国の企業、政府機関、アメリカの大学300校以上が、英語能力判定テストとして採用。オンラインによる90分のテストで文法、リーディング、リスニング、ライティング、スピーキングの5技能をスコア化。iTEP®は、留学、就職、海外赴任などに必要な、世界に通用する英語力を総合的に評価する画期的なテストです。

www.itepexamjapan.com

ラダーシリーズ
Beauty and the Beast 美女と野獣

2006年9月1日　第1刷発行
2025年1月11日　第26刷発行

著　者　ザンティ・スミス・セラフィン

発行者　賀川　洋

発行所　IBCパブリッシング株式会社
　　　　〒162-0804 東京都新宿区中里町29番3号
　　　　菱秀神楽坂ビル
　　　　Tel. 03-3513-4511　Fax. 03-3513-4512
　　　　www.ibcpub.co.jp

© Xanthe Smith Serafin 2006
© IBC Publishing, Inc. 2006

印刷　株式会社シナノパブリッシングプレス
装丁　伊藤　理恵　　イラスト　杉山　薫里
編集協力　Jonathan Lloyd-Owen, 伊藤　幸男(埼玉県立伊奈学園中学校)
組版データ　Berkeley Oldstyle Medium + ITC Isadora Regular

落丁本・乱丁本は、小社宛にお送りください。送料小社負担にてお取り替えいたします。本書の無断複写(コピー)は著作権法上の例外を除き禁じられています。

Printed in Japan
ISBN978-4-89684-297-5

LADDER SERIES

Beauty and the Beast
Xanthe Smith Serafin